Caderno do Futuro
A evolução do caderno

CIÊNCIAS

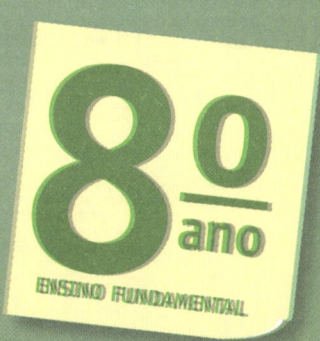
8º ano
ENSINO FUNDAMENTAL

3ª edição
São Paulo – 2013

Coleção Caderno do Futuro
Ciências
© IBEP, 2013

Diretor superintendente	Jorge Yunes
Gerente editorial	Célia de Assis
Revisão técnica	Sonia Bonduki
Assistente editorial	Érika Domingues do Nascimento
Revisão	Berenice Boeder
	André Tadashi Odashima
Coordenadora de arte	Karina Monteiro
Assistente de arte	Marilia Vilela
	Nane Carvalho
	Carla Almeida Freire
Coordenadora de iconografia	Maria do Céu Pires Passuello
Assistente de iconografia	Adriana Neves
	Wilson de Castilho
Ilustrações	Marcos Guilherme
Produção gráfica	José Antônio Ferraz
Assistente de produção gráfica	Eliane M. M. Ferreira
Projeto gráfico	Departamento de Arte Ibep
Capa	Departamento de Arte Ibep
Editoração eletrônica	N-Publicações

CIP-BRASIL. CATALOGAÇÃO-NA-FONTE
SINDICATO NACIONAL DOS EDITORES DE LIVROS, RJ

F742c
3. ed

Fonseca, Albino, 1931-
   Ciências, 8º ano / Albino Fonseca. - 3. ed. - São Paulo : IBEP, 2013.
      il. ; 28 cm   (Caderno do futuro)

   ISBN 978-85-342-3554-9 (aluno) - 978-85-342-3558-7 (mestre)

   1. Ciências (Ensino fundamental) - Estudo e ensino. I. Título. II. Série.

12-8673.   CDD: 372.35
                                                    CDU: 373.3.016:5

27.11.12   30.11.12   041050

SUMÁRIO

O CORPO HUMANO

1. Estrutura e funções 4
2. Célula: unidade básica do funcionamento do organismo 6
3. Os tecidos 11

FUNÇÕES VEGETATIVAS

4. A base da nutrição: os nutrientes 17
5. Sistema digestório 23
6. A digestão 28
7. Sistema respiratório: a respiração celular ... 33
8. O sangue e a linfa 39
9. Sistema circulatório: a circulação 44
10. Sistema urinário: a excreção 51

COORDENAÇÃO DAS FUNÇÕES ORGÂNICAS

11. Sistema nervoso 54
12. Sistema endócrino 58

FUNÇÕES DE RELAÇÃO COM O AMBIENTE

13. A pele como órgão dos sentidos 63
14. Globos oculares: sentido da visão 64
15. Sistema auditivo: audição 69
16. Os sentidos químicos: olfato e paladar 73
17. A fonação 75
18. O esqueleto humano 78
19. Sistema muscular: a locomoção 84

CONSERVAÇÃO DA ESPÉCIE

20. A reprodução humana 89
21. A transmissão da herança biológica 94

3ª edição – São Paulo – 2013
Todos os direitos reservados.

Av. Alexandre Mackenzie, 619 - Jaguaré
São Paulo – SP – 05322-000 – Brasil – Tel.: (11) 2799-7799
www.editoraibep.com.br editoras@ibep-nacional.com.br

Reimpressão Gráfica Cromosete - Janeiro 2016

ESCOLA

NOME

PROFESSOR

HORA	SEGUNDA	TERÇA	QUARTA	QUINTA	SEXTA	SÁBADO

PROVAS E TRABALHOS

O CORPO HUMANO

1. Estrutura e funções

Corpo: cabeça, tronco e membros (superiores e inferiores).

Organização: átomo + átomo = molécula
molécula + molécula = célula
célula + célula = tecido
tecido + tecido = órgão
órgão + órgão = sistema
sistema + sistema = organismo

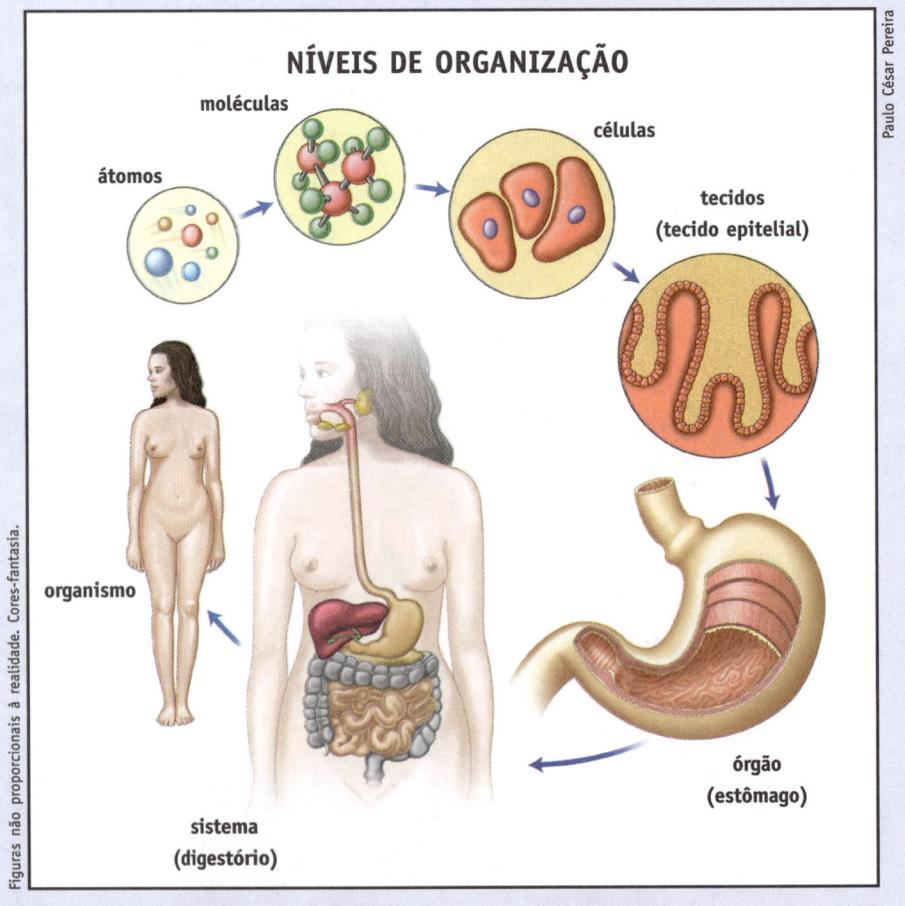

Célula: membrana plasmática + citoplasma + núcleo
As células estão unidas entre si pela substância intercelular.

Estrutura corporal
- **cabeça** (crânio + face)
- **tronco**
  - pescoço
  - tórax
  - abdome
  } separados entre si pelo músculo diafragma.
- **membros**
  - superiores: ombros, braços, antebraços, mãos.
  - inferiores: quadril, coxas, pernas, pés.

Organização funcional da vida
- vegetativa ou de nutrição (digestão, circulação, respiração, excreção).
- de relação com o ambiente (locomoção, sentidos, fonação).
- de coordenação (sistema nervoso, glândulas).
- de reprodução (sistema reprodutor).

1. Observe a figura que ilustra os níveis de organização e escreva-os em ordem, desde o organismo até os átomos.

2. O que liga as células entre si?

3. Quais são as partes fundamentais das células?

4. Complete o esquema.

Funções da vida
- [Respiração
- De relação
  - Fonação
- De coordenação
  - Glândulas
- De reprodução

5. Qual é a finalidade das funções da vida vegetativa?

6. Complete os esquemas.

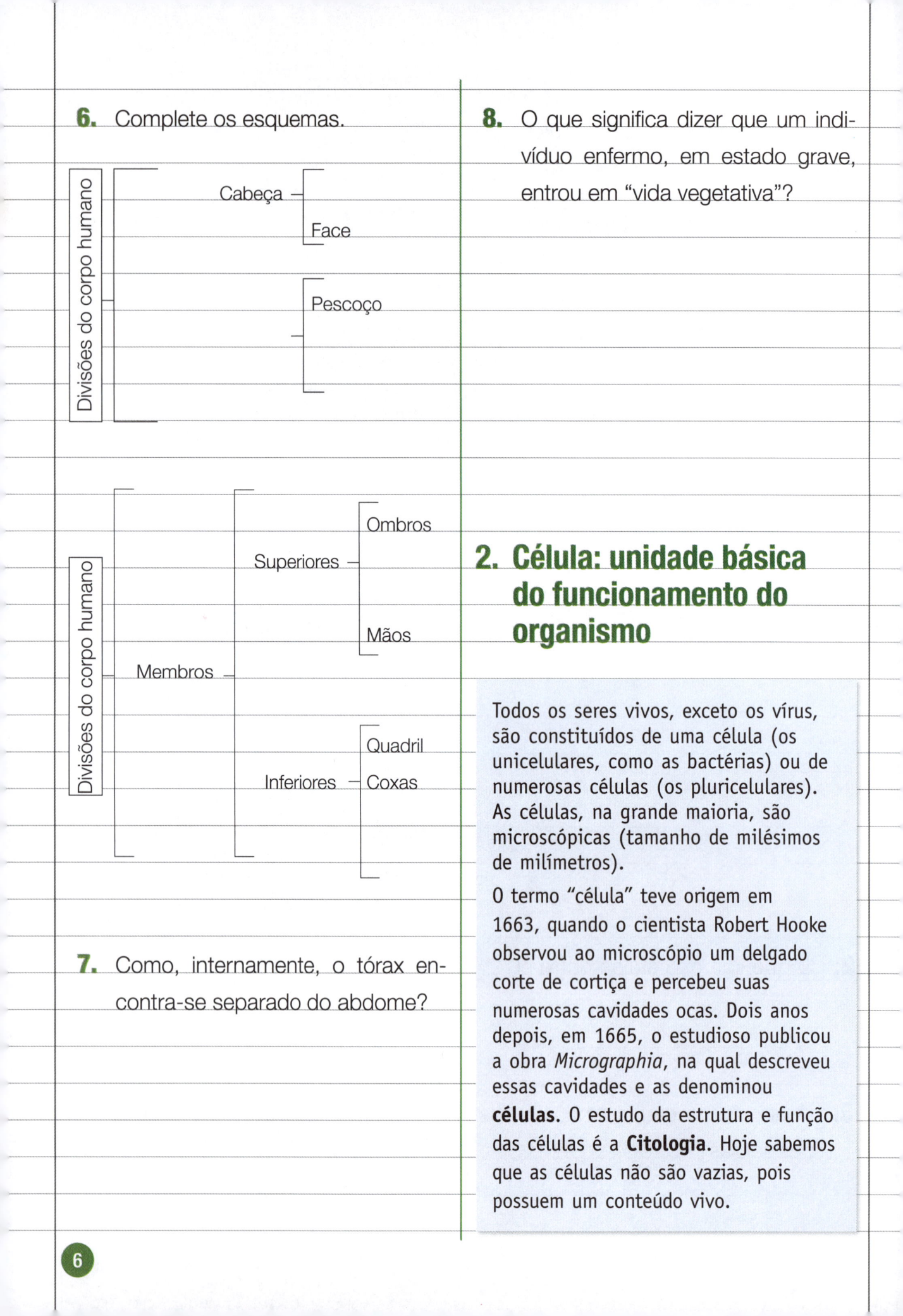

Divisões do corpo humano
- Cabeça
  - Face
- Pescoço

Divisões do corpo humano
- Membros
  - Superiores
    - Ombros
    - Mãos
  - Inferiores
    - Quadril
    - Coxas

7. Como, internamente, o tórax encontra-se separado do abdome?

8. O que significa dizer que um indivíduo enfermo, em estado grave, entrou em "vida vegetativa"?

2. Célula: unidade básica do funcionamento do organismo

Todos os seres vivos, exceto os vírus, são constituídos de uma célula (os unicelulares, como as bactérias) ou de numerosas células (os pluricelulares). As células, na grande maioria, são microscópicas (tamanho de milésimos de milímetros).

O termo "célula" teve origem em 1663, quando o cientista Robert Hooke observou ao microscópio um delgado corte de cortiça e percebeu suas numerosas cavidades ocas. Dois anos depois, em 1665, o estudioso publicou a obra *Micrographia*, na qual descreveu essas cavidades e as denominou **células**. O estudo da estrutura e função das células é a **Citologia**. Hoje sabemos que as células não são vazias, pois possuem um conteúdo vivo.

Célula
- **membrana plasmática**: Envolve o citoplasma. Seleciona as substâncias que devem entrar ou sair da célula (semipermeabilidade).
- **citoplasma**
  - **hialoplasma** (substância homogênea onde as organelas estão mergulhadas).
  - **organelas**
    - **retículo endoplasmático**: transporte de substâncias;
    - **ribossomos**: síntese de proteínas; está no retículo endoplasmático;
    - **complexo golgiense**: armazenamento e eliminação de secreções produzidas pela célula;
    - **lisossomos**: digestão intracelular;
    - **centríolos**: participam da divisão celular;
    - **vacúolos**: armazenamento do suco celular; nos vegetais, armazenam água e sais;
    - **mitocôndrias**: produção de energia na respiração celular.
- **núcleo**
  - **membrana nuclear** (carioteca): separa o núcleo do citoplasma;
  - **nucléolo**: fabricação e armazenamento temporário de ribossomos;
  - **cromatina**: conjunto de cromossomos em número constante.
  Na espécie humana, há 46 cromossomos em cada célula organizados em 23 pares – as células reprodutoras, os gametas, têm 23 cromossomos; eles transmitem as características hereditárias.

ESTRUTURA ULTRAMICROSCÓPICA DE UMA CÉLULA HUMANA

Figuras não proporcionais à realidade. Cores-fantasia.

Legendas: mitocôndria; membrana plasmática; complexo golgiense; núcleo; nucléolo; centríolos; lisossomo; vacúolo; retículo endoplasmático.

Lembre que:

Os cromossomos contêm **genes** formados por porções de DNA. O DNA, a molécula da vida, é responsável por todas as características que um indivíduo apresenta.

CROMOSSOMOS DO HOMEM

[Cariótipo humano com 23 pares de cromossomos, numerados de 1 a 23, sendo o par 23 representado como X e Y]

- As células vegetais e as células animais têm a mesma estrutura básica, porém apresentam algumas diferenças: as células vegetais não possuem lisossomos, mas possuem **cloroplastos**, que contêm clorofila, **parede celular** com celulose, envolvendo a membrana plasmática, e **vacúolo central**, que contém água e sais, estruturas ausentes nas células animais.

Divisão celular

- Por **mitose**: o material celular é duplicado e separado em duas células-filhas, iguais entre si. Ocorre no crescimento do corpo e em tecidos que estão em cicatrização.
- Por **meiose**: o material celular é duplicado; ocorrem duas divisões, formando-se quatro células com material celular reduzido à metade. Ocorre na formação dos gametas (células sexuais); após a fecundação, com a união dos gametas, o número de cromossomos característico da espécie se recompõe.

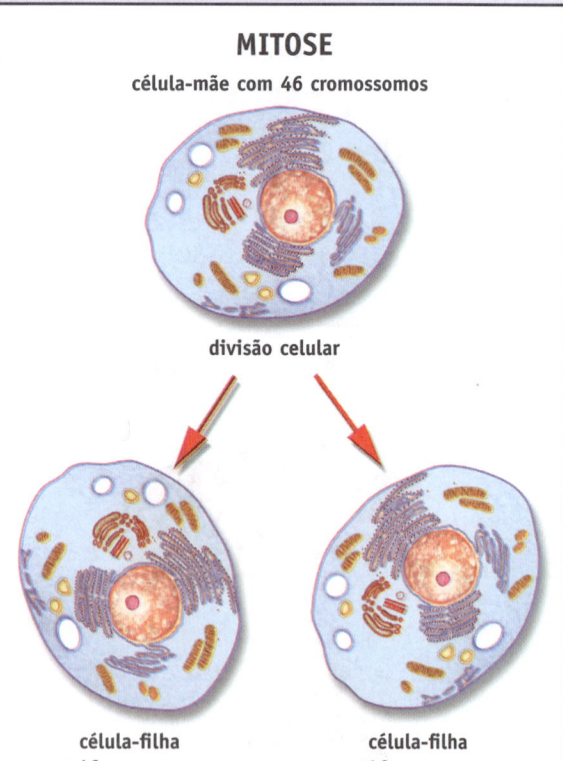

MITOSE
célula-mãe com 46 cromossomos

divisão celular

célula-filha com 46 cromossomos — célula-filha com 46 cromossomos

Figuras não proporcionais à realidade. Cores-fantasia.

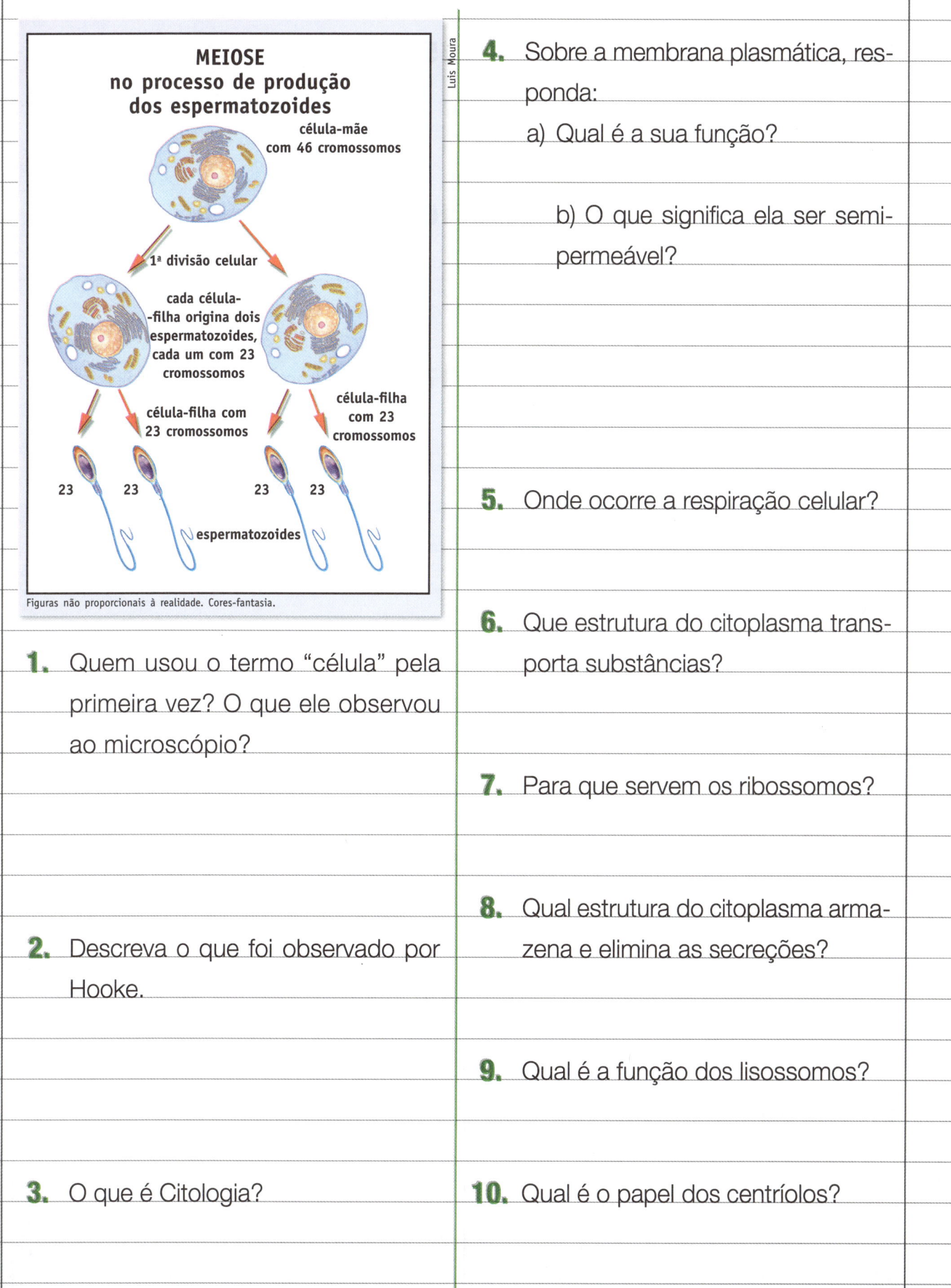

MEIOSE no processo de produção dos espermatozoides

- célula-mãe com 46 cromossomos
- 1ª divisão celular
- cada célula-filha origina dois espermatozoides, cada um com 23 cromossomos
- célula-filha com 23 cromossomos
- célula-filha com 23 cromossomos
- espermatozoides

Figuras não proporcionais à realidade. Cores-fantasia.

Luís Moura

1. Quem usou o termo "célula" pela primeira vez? O que ele observou ao microscópio?

2. Descreva o que foi observado por Hooke.

3. O que é Citologia?

4. Sobre a membrana plasmática, responda:
   a) Qual é a sua função?
   b) O que significa ela ser semipermeável?

5. Onde ocorre a respiração celular?

6. Que estrutura do citoplasma transporta substâncias?

7. Para que servem os ribossomos?

8. Qual estrutura do citoplasma armazena e elimina as secreções?

9. Qual é a função dos lisossomos?

10. Qual é o papel dos centríolos?

11. Para que servem os vacúolos?

12. Preencha a tabela abaixo com as diferenças entre a célula vegetal e a célula animal.

Célula vegetal	Célula animal

13. No interior do núcleo de uma célula, existe a cromatina. Como é essa estrutura e por que ela é importante?

14. Qual é a função dos genes?

15. O que é carioteca?

16. Quais são as funções do nucléolo?

17. Numa determinada espécie, as células possuem 14 cromossomos.
a) Se uma dessas células sofrer mitose, quantas células se originarão e com quantos cromossomos?

b) Se uma dessas células sofrer meiose, quantas células se originarão e com quantos cromossomos?

18. Qual é a importância da meiose?

19. De que maneira os genes passam de geração a geração?

20. Por que os filhos apresentam características semelhantes às dos seus pais?

21. Uma espécie animal possui 60 cromossomos em cada célula do corpo. Um macho dessa espécie fecunda uma fêmea, formando o zigoto. Escreva o número de cromossomos encontrado:

a) no zigoto:

b) nos espermatozoides (células sexuais masculinas):

c) nas células musculares do animal em formação:

d) nos óvulos (células sexuais femininas):

e) nas células da pele do animal em formação:

3. Os tecidos

Tecido: conjunto de células de forma semelhante, especializadas em realizar determinada função. Essas células estão unidas por meio de uma substância intercelular.

Tipos de tecidos

a) **Epitelial:** com células bem justapostas e ligadas entre si por pouca substância intercelular. Reveste o corpo externamente (**epiderme**) e os órgãos internamente (**mucosas**), como no interior da boca e do nariz. Além do revestimento, desempenha função secretora, formando as **glândulas**, como as glândulas salivares e as lacrimais.

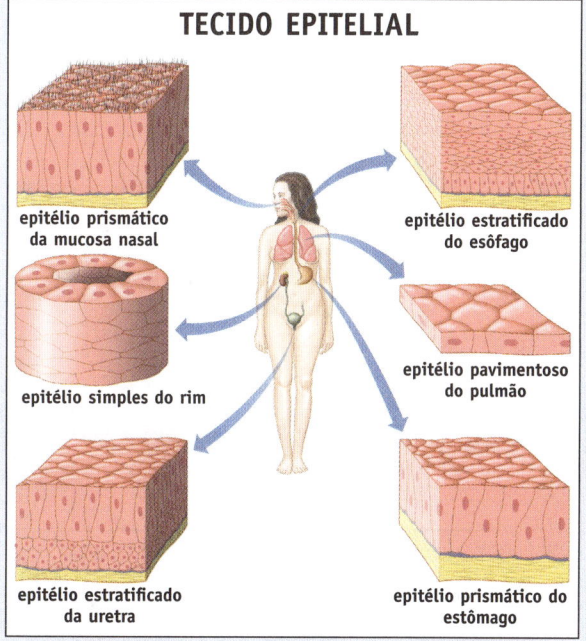

TECIDO EPITELIAL

Figuras não proporcionais à realidade. Cores-fantasia.

b) **Conjuntivo propriamente dito:** com células de diferentes tipos e funções imersas em abundante substância intercelular. Liga e envolve os outros tecidos, encontrando-se na pele, ao redor dos músculos e vasos sanguíneos, nos tendões e nos ligamentos entre ossos.

- **Cartilaginoso:** constituído de condrócitos, células mergulhadas em abundante substância intercelular com fibras colágenas e elásticas.
  É resistente, elástico e flexível.
  Encontra-se no pavilhão da orelha, na extremidade do nariz, nos anéis da traqueia, no osso esterno, nas articulações e nos discos intervetebrais, amortecendo e diminuindo o atrito entre os ossos.
- **Ósseo:** constituído de **osteócitos**, células estreladas mergulhadas em substância intercelular resistente (devido ao colágeno) e rígida (devido a sais de cálcio e fósforo).

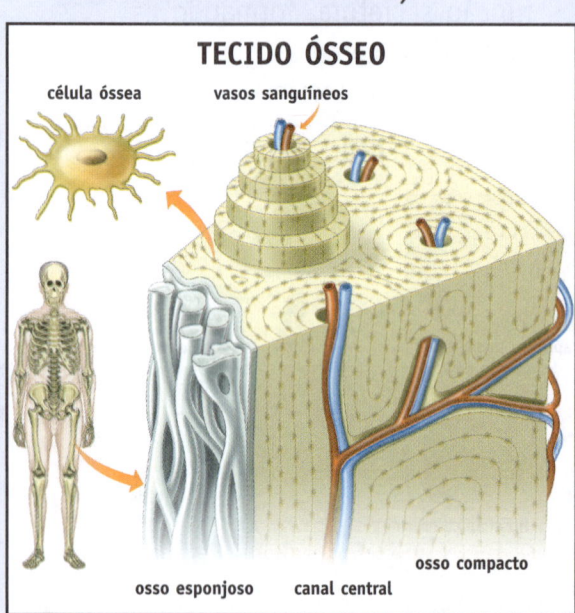

Figuras não proporcionais à realidade. Cores-fantasia.

- **Hematopoiético:** tecido formador dos elementos figurados do sangue (glóbulos vermelhos ou hemácias, glóbulos brancos ou leucócitos e plaquetas).
- **Adiposo:** com células contendo depósito de gordura para reserva energética. Encontra-se na pele e entre os órgãos, protegendo o organismo contra choques mecânicos e perda excessiva de calor.

c) **Muscular:** com células alongadas (ou fibras) que têm capacidade de contração quando estimuladas, proporcionando movimento aos órgãos. Pode ser **liso** (sem estrias transversais e de contração lenta e involuntária), **estriado esquelético** (com estrias transversais e de contração rápida e voluntária) e **estriado cardíaco** (com estrias transversais e de contração rápida e involuntária).

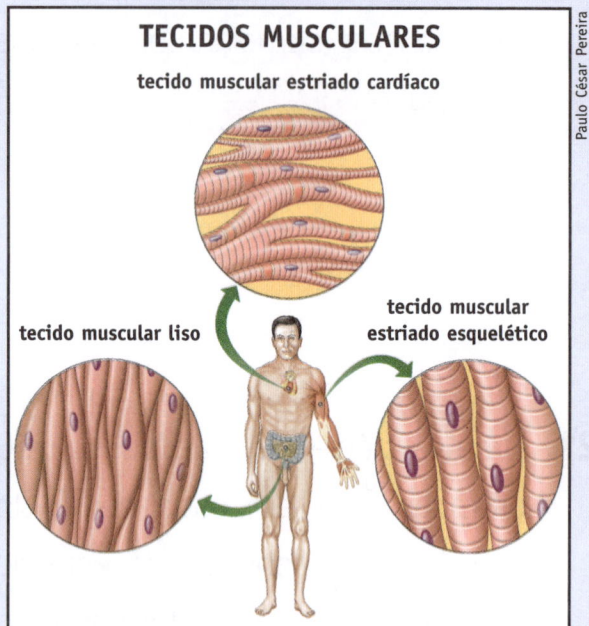

Figuras não proporcionais à realidade. Cores-fantasia.

d) **Nervoso:** suas células, os **neurônios**, quando estimuladas, conduzem impulsos nervosos aos músculos e a outros órgãos.

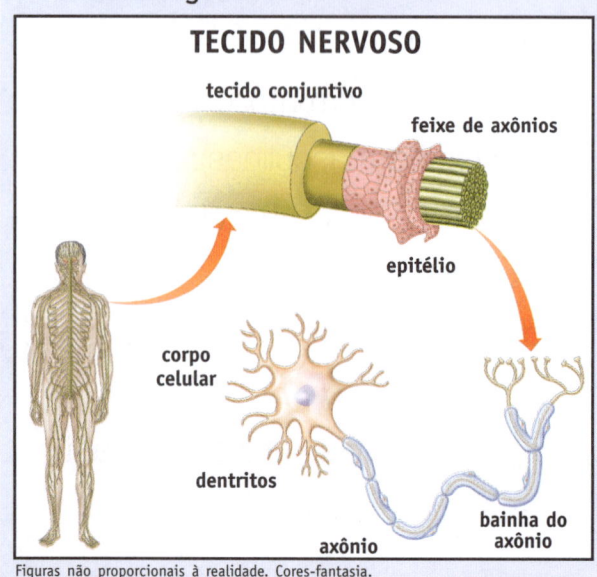

Figuras não proporcionais à realidade. Cores-fantasia.

Lembre que:

- Os músculos são formados de tecido muscular estriado esquelético.
- Nas vísceras (órgãos internos) encontra-se tecido muscular liso.
- O tecido muscular estriado cardíaco forma a parede mais espessa do coração.

1. O que é tecido?

2. Onde pode ser encontrado o tecido epitelial?

3. Quais são as funções do tecido epitelial?

4. Caracterize o tecido conjuntivo.

5. Onde se encontra o tecido conjuntivo propriamente dito?

6. Compare o tecido cartilaginoso ao tecido ósseo e cite uma semelhança e uma diferença entre eles.

7. Onde o tecido cartilaginoso é encontrado?

8. Lembrando das características do tecido cartilaginoso, qual é a sua função em uma articulação?

Figuras não proporcionais à realidade. Cores-fantasia.

9. Qual é o papel do tecido hematopoiético?

10. Qual é o papel do tecido adiposo?

11. Qual é a característica fundamental do tecido muscular?

12. Quais são as diferenças entre o tecido muscular liso e o tecido muscular estriado esquelético?

13. Ao realizar o movimento de pegar um copo com água, que tipo de tecido muscular trabalha, fazendo o braço se mover?

14. Cite uma propriedade do tecido muscular cardíaco encontrada também no tecido muscular liso.

15. Ao ouvir um alerta, como essa informação é conduzida de seus ouvidos até seu cérebro, órgão que interpretará essa mensagem?

Pele é o órgão que recobre o corpo humano externamente.

Camadas da pele

a) **Epiderme**: constituída de tecido epitelial, com **queratina** (proteína impermeável à água); não contém nervos nem vasos sanguíneos.

b) **Derme**: constituída de tecido conjuntivo.

c) **Hipoderme**: camada profunda contendo gordura.

Anexos

- **Pelos**: proteção contra perda de calor, camuflagem, caracterização sexual e defesa.
- **Glândulas sebáceas**: localizam-se ao lado dos pelos; produzem gordura.
- **Glândulas sudoríparas**: em forma de novelo; produzem suor.

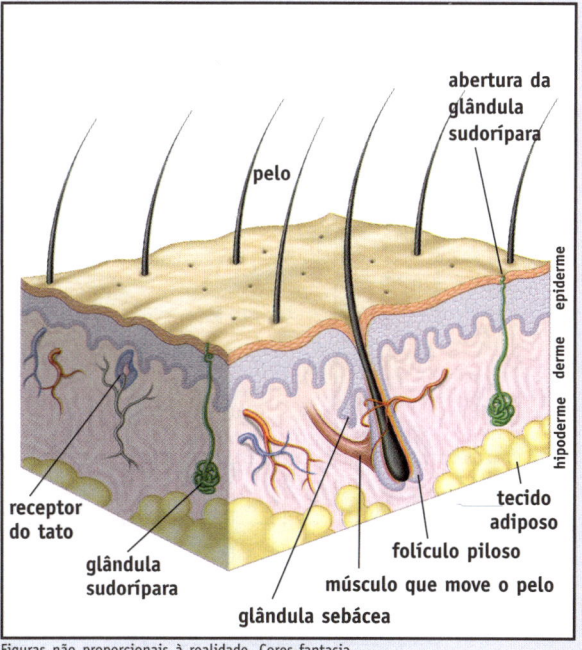

Figuras não proporcionais à realidade. Cores-fantasia.

16. Nas frases seguintes, assinale **certo** (C) ou **errado** (E). Justifique as alternativas erradas.

a) O tecido epitelial tem uma quantidade abundante de substância intercelular. ( )

b) O tecido adiposo armazena grande quantidade de gordura e nos protege contra a perda excessiva de calor e choques mecânicos. ( )

c) O tecido nervoso, quando estimulado, contrai-se. ( )

d) O tecido muscular liso é encontrado nas paredes de órgãos internos, como o útero, o intestino, o estômago etc. ( )

e) Os elementos presentes do sangue são produzidos no tecido hematopoiético. ( )

Justificativa(s).

17. Resolva a cruzadinha.

HORIZONTAIS

1. Células do tecido ósseo.
2. Tecido resistente e flexível.
3. Célula nervosa.
4. Tecido muscular sem estrias transversais.
5. Proteína impermeável à água encontrada na epiderme.
6. No tecido ósseo encontram-se sais de...

VERTICAIS

1. Propriedade característica do tecido muscular.
2. Estoque energético do corpo.
3. Substância que dá resistência ao tecido ósseo.
4. Tecido que armazena gordura.
5. Camada profunda da pele contendo gordura.
6. Agrupamento de células de forma semelhante e mesma função.

FUNÇÕES VEGETATIVAS

4. A base da nutrição: os nutrientes

Nutrientes: substâncias que promovem o crescimento, o reparo dos desgastes físicos, fornecem energia para as várias funções vitais e regulam o funcionamento das células.

Nutrientes
- **inorgânicos:** água, sais minerais.
- **orgânicos:** carboidratos, gorduras (lipídios), proteínas, vitaminas.

Carboidratos: produzidos pelos vegetais por processo de fotossíntese. São fornecedores de energia. Os mais simples são os monossacarídeos (glicose, frutose, galactose).

Monossacarídeo + monossacarídeo = dissacarídeo (sacarose, lactose, maltose).

Monossacarídeo + monossacarídeo + ... + monossacarídeo = polissacarídeo (amido, celulose – as fibras dos vegetais –, glicogênio).

Reconhecimento de alguns carboidratos

Amido + iodo = coloração arroxeada.

Glicose + reativo de Benedict + calor = coloração alaranjada.

Alimentos ricos em carboidratos.

Fontes de carboidratos: açúcar, farinha, leguminosas, batata etc.

Proteínas = peptídeo + peptídeo.

Peptídeo = aminoácido + aminoácido.

Proteína X ≠ Proteína Y (pelos tipos, pelo número e pela sequência de aminoácidos).

Funções das proteínas

a) Constroem material celular com as gorduras.

b) Algumas funcionam como enzimas (aceleram as reações químicas).

c) Outras funcionam como anticorpos (substâncias de defesa).

d) Podem formar substâncias intercelulares.

Fontes de proteínas: leite, carne, ovos, leguminosas (feijão, soja, lentilha etc.).

Alimento rico em proteína.

Funções da água

a) Solvente da maioria das substâncias.
b) Eliminação de resíduos orgânicos do organismo (urina e suor).
c) Reguladora de temperatura corporal (suor).
d) Participante de reações químicas da digestão.
e) Entra na composição das células e do sangue. A água corresponde a, aproximadamente, 70% do peso do corpo humano.

A água é um nutriente essencial para a vida.

Funções dos sais minerais

a) Regulação da quantidade de água no corpo (sódio e potássio).
b) Propagação de impulsos nervosos (sódio e potássio).
c) Produção de hormônios (iodo).
d) Formação da hemoglobina do sangue (ferro).
e) Integrante da substância intercelular de ossos (cálcio, magnésio e fósforo).

Vitaminas: desencadeiam as reações químicas, ativando enzimas. Sua falta gera doenças como:

a) hemeralopia (cegueira noturna) e xeroftalmia (ressecamento do globo ocular), problemas de pele e crescimento retardado: deficiência de **vitamina A**.
b) beribéri (fraqueza muscular e nervosa): deficiência de **vitamina B_1**.
c) anemia: deficiência de **vitamina B_{12}**.
d) escorbuto (hemorragias por fragilidade dos capilares): deficiência de **vitamina C**.
e) raquitismo (ossos frágeis e deformados): deficiência de **vitamina D**.
f) Propensão a hemorragias (por dificuldade de coagulação do sangue): deficiência de **vitamina K**.

Alimentos ricos em vitaminas e sais minerais.

Lembre que:

Banha, toucinho, manteiga, óleos comestíveis são substâncias insolúveis em água, solúveis em solventes orgânicos e untuosos ao tato.

Por isso, pertencem ao grupo dos **lipídios** ou **gorduras**. Substâncias altamente energéticas que, para serem aproveitadas, devem ser separadas em ácidos graxos e glicerol.

1. O que são nutrientes?

2. Escreva entre parênteses I ou O, se o alimento for inorgânico ou orgânico, respectivamente.

( ) proteínas
( ) sais minerais
( ) lipídios
( ) água
( ) vitaminas
( ) carboidratos

3. Complete as lacunas das frases.

a) A energia para as funções vitais é fornecida pelos _____ e _____.

b) A maltose é considerada um dissacarídeo porque é constituída de duas partículas de _____.

c) A sacarose é formada de glicose e frutose. Portanto, ela é um _____.

d) O amido é um polissacarídeo porque é formado de _____ partículas de glicose.

e) Uma solução de mel com reativo de Benedict foi aquecida e adquiriu uma coloração fortemente alaranjada. Isso significa que o mel contém _____.

f) Uma gota de solução de iodo cai sobre uma folha branca de papel sulfite. O local da queda ficou arroxeado. Isso significa que o papel sulfite contém _____.

4. Associe a coluna da esquerda com a coluna da direita.

(A) óleo   ( ) dissacarídeo
(B) celulose   ( ) proteína
(C) frutose   ( ) lipídio
(D) lactose   ( ) polissacarídeo
(E) anticorpo   ( ) monossacarídeo

5. O que são proteínas?

6. Que relação existe entre aminoácidos, peptídeos e proteínas?

7. As proteínas são todas iguais? Justifique sua resposta.

8. Cite alguns alimentos ricos em proteínas.

9. Quais as principais funções atribuídas às proteínas?

10. As proteínas são consideradas nutrientes construtores ou plásticos do organismo. Sublinhe na resposta da questão anterior as funções relacionadas a esse tipo de nutriente.

11. O que são lipídios?

12. Cite alguns alimentos ricos em lipídios.

13. O que deve acontecer com as gorduras, para serem aproveitadas por nós?

14. Quais são as funções da água em nosso organismo?

15. Cite algumas funções dos sais minerais em nosso organismo.

16. Escreva nos parênteses C, P ou L, conforme o alimento seja rico em carboidrato, proteína ou lipídio, respectivamente.

( ) manteiga ( ) caldo de cana
( ) feijão ( ) arroz
( ) queijo ( ) carne
( ) bacon ( ) ovos

17. Associe a coluna da esquerda com a coluna da direita.

(A) glicose ( ) dissacarídeo
(B) iogurte ( ) lipídio
(C) margarina ( ) proteína
(D) glicogênio ( ) monossacarídeo
(E) sacarose ( ) polissacarídeo

18. Relacione os nutrientes a cada atividade.

> A – proteínas
> B – carboidratos
> C – lipídeos ou gorduras
> D – água

( ) Prática de esportes, como futebol ou vôlei.
( ) Cicatrização de machucados.
( ) Formação de urina, suor e lágrimas.
( ) Criança em crescimento.
( ) Ato de varrer o quintal.

19. O que são vitaminas?

20. Complete o quadro.

Vitaminas	Principais funções	Doenças de carência	Fontes
	• Adaptação da visão nos ambientes. • Manutenção do tecido epitelial. • Auxilia no crescimento do corpo.		leite (e derivados), ovos, fígado de animais, hortaliças (cenoura, pimentão etc.), vegetais amarelos ou alaranjados
	• Aproveitamento dos carboidratos e das gorduras.		legumes, trigo e arroz integrais, levedura, leite (e derivados), carnes
	• Atua na formação dos glóbulos vermelhos do sangue.		fígado de animais, ovos, carnes, leite (e derivados)
	• Formação do tecido conjuntivo e fortalecimento do sistema de defesa.		frutos cítricos, hortaliças, outros frutos (tomate, acerola)
	• Processo de ossificação e fortalecimento dos dentes.		óleo de fígado de peixes, radiações solares, leite (e derivados), ovos
	• Produção de fatores essenciais para a coagulação do sangue.		produto de bactérias intestinais, verduras escuras, ovos, leite, carne

5. Sistema digestório

Estrutura

a) **Tubo digestivo:** boca, faringe, esôfago, estômago, intestinos delgado e grosso, ânus.

b) **Glândulas anexas:** glândulas salivares, fígado e pâncreas.

Boca: abrange a língua (recebe sensações de sabor), as glândulas salivares (produzem a saliva, que amolece os alimentos e digere o amido) e os dentes – um adulto normalmente possui 32 dentes, sendo a dentição definitiva: **incisivos** (8, que cortam os alimentos), **caninos** (4, que rasgam os alimentos), **molares** e **pré-molares** (12 e 8, respectivamente, que trituram os alimentos). A função dos dentes na mastigação está relacionada ao seu formato.

Mesentério: pregas membranosas que prendem o intestino delgado na parede abdominal.

Intestinos:

- **Delgado:** duodeno, jejuno e íleo.
- **Grosso:** ceco, colo, reto. O ceco contém um apêndice. O colo contém as porções ascendente, transversa e descendente.

Movimentos peristálticos: ocasionados por contrações do esôfago, estômago e intestino para impelir os alimentos ao longo do tubo digestivo.

Peritônio: membrana que reveste os órgãos digestivos situados no abdome.

Vilosidades intestinais: pregas na parede interna do intestino para aumentar a superfície de absorção dos alimentos. Se essas pregas pudessem ser abertas e esticadas, elas cobririam, aproximadamente, uma quadra de tênis.

Fígado: glândula mais volumosa do corpo que produz bile (armazenada na vesícula biliar), proteínas que atuam na coagulação do sangue, ureia, glicogênio, e também armazena algumas vitaminas (A e D).

Pâncreas: produz o suco pancreático (que atua na digestão) e a insulina (que regula o teor de glicose no sangue).

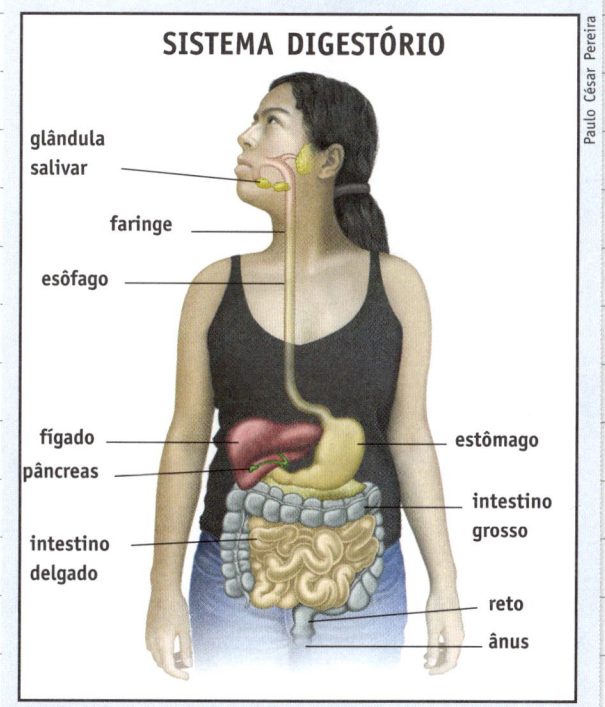

SISTEMA DIGESTÓRIO

Cores-fantasia.

Lembre que:

Dentes não escovados diariamente dão origem à placa bacteriana por ação de bactérias que fermentam resíduos de alimentos que ficam entre os dentes. As substâncias ácidas produzidas provocam corrosão, destruindo o **esmalte** (cobertura do dente) e a **dentina** (substância que protege os nervos e os vasos sanguíneos contidos na **polpa dentária**, cavidade interna do dente). É a **cárie dentária**.

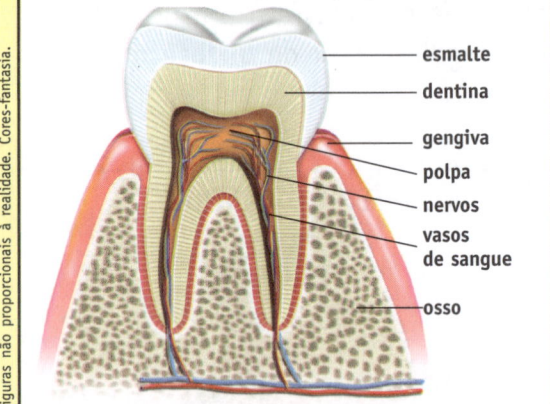

2. Associe corretamente.

(A) incisivos
(B) caninos
(C) molares
(D) vilosidades
(E) raiz

(   ) pregas do intestino
(   ) cortam os alimentos
(   ) porção do dente implantada no maxilar
(   ) trituram os alimentos
(   ) rasgam os alimentos

3. O que contém a polpa dentária?

4. Quantos e quais são os dentes da dentição definitiva?

1. Complete o esquema.

Sistema digestório
- Tubo digestivo
  - Boca
  -
  -
  -
- Glândulas salivares

5. Que hábito de higiene conserva a saúde dos dentes?

6. Qual é o órgão que serve ao mesmo tempo o sistema digestório e o sistema respiratório?

7. Sobre os movimentos peristálticos, responda:

a) O que são e quais os órgãos que os realizam?

b) Que tipo de tecido é responsável pelo movimento nesses órgãos?

8. Complete o esquema.

Sistema digestório
- Jejuno
- Grosso
  - Ceco
  - Ascendente

9. O que é mesentério?

10. Qual é a importância das vilosidades intestinais?

11. Cite pelo menos três funções atribuídas ao fígado.

12. Quais são as funções do pâncreas?

13. Assinale **certo** (C) ou **errado** (E). Justifique as afirmativas erradas.

a) Uma das funções do fígado é sintetizar proteínas que interferem na coagulação sanguínea. ( )

b) O pâncreas é a glândula mais volumosa do corpo. ( )

c) A bile não contém enzimas digestivas. ( )

d) A síntese de glicogênio é feita pelo pâncreas, a partir do excesso de glicose. ( )

e) O peritônio é uma membrana que reveste os órgãos situados no tórax. ( )

Justificativa(s).

14. Faça a relação.

(A) fígado
(B) vesícula biliar
(C) glândulas salivares
(D) intestino grosso
(E) pâncreas
( ) produção de saliva
( ) produção de insulina
( ) produção de bile
( ) absorção de água
( ) armazenamento de bile

15. Por que devemos escovar os dentes após as refeições?

16. Qual é o elemento químico que adicionado às pastas de dentes e à água atua no fortalecimento dos dentes?

17. Resolva a cruzadinha.

HORIZONTAIS

1. Suco digestivo que contém enzima capaz de digerir o amido.

2. Pregas membranosas que prendem o intestino delgado na parede abdominal.

3. Parte visível do dente.

4. Membrana que reveste os órgãos digestivos abdominais.

5. Parte final do intestino grosso.

VERTICAIS

1. Porção do dente que contém nervo e vaso sanguíneo.

2. Regula o teor de glicose no sangue.

3. Açúcar armazenado no fígado.

4. Dente especializado em rasgar alimentos.

5. Uma das partes do intestino delgado.

ANOTAÇÕES

6. A digestão

Digestão: parte (quebra) as proteínas, gorduras e os carboidratos em partículas menores, que atravessam a membrana do intestino e são absorvidas e aproveitadas pelas células.

Digestão
- **mecânica**: mastigação (na boca), deglutição (na faringe), movimentos peristálticos (no esôfago, estômago e intestino).
- **química**: ação de enzimas: na boca (insalivação), no estômago (quimificação) e no intestino (quilificação).

Sucos digestivos

a) **Saliva**: contém ácido clorídrico e a enzima **ptialina**, que transforma o amido em maltose.

b) **Suco gástrico**: produzido pela mucosa do estômago, é muito ácido. Contém a enzima **pepsina**, que desdobra as proteínas em fragmentos menores (peptídeos).

c) **Suco pancreático**: produzido pelo pâncreas e lançado no instestino delgado. Contém a **lipase** (converte as gorduras em ácidos graxos e glicerol), a **tripsina** (converte as proteínas em peptídeos), a **amilase** (converte o amido em maltose).

d) **Suco entérico**: contém a **maltase** (converte a maltose em glicose), a **invertase** (converte a sacarose em glicose e frutose), a **peptidase** (converte peptídeos em aminoácidos), a **lactase** (converte o açúcar do leite ou lactose em glicose e galactose), a **lipase** (digere as gorduras, convertendo-as em ácidos graxos e glicerol).

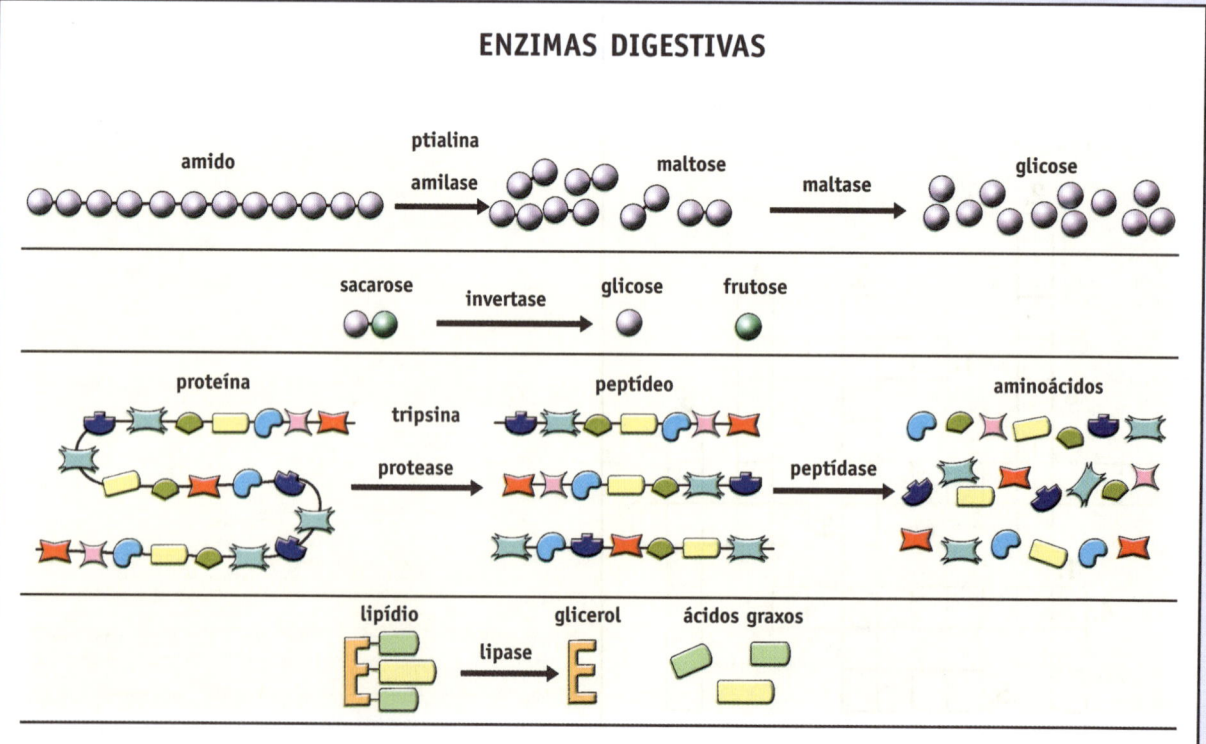

ENZIMAS DIGESTIVAS

Figuras não proporcionais à realidade. Cores-fantasia.

> **Lembre que:**
> - O único suco que não contém enzimas é a **bile**, mas ela é necessária para emulsificar as gorduras, facilitando a ação das lipases.
> - Movimentos peristálticos são contrações da parede de certos órgãos para impelir o bolo alimentar no sentido do reto.

1. Qual é a finalidade da digestão?

2. Em relação à digestão, o que ocorre de importante na boca?

3. Qual é a importância da faringe na digestão?

4. O que são movimentos peristálticos? Em que órgãos ocorrem?

5. Associe corretamente.

(A) peptidase
(B) tripsina
(C) invertase
(D) ptialina
(E) lipase

(   ) sacarose
(   ) gorduras
(   ) amido
(   ) peptídeos
(   ) proteínas

6. Assinale a enzima que necessita de um meio ácido para ser atuante.

(   ) amilase
(   ) ptialina
(   ) invertase
(   ) lipase
(   ) pepsina

7. Qual é o único suco digestivo que não possui enzimas? _____

8. Complete as reações.

a) Amido + água →(amilase)

b) Maltose + água →(maltase) _____ + _____

c) Proteína + água →(pepsina)

d) Peptídeos + água →(peptidase)

e) Gordura + água →(lipase) _____ + _____

f) _____ + água →(invertase) glicose + frutose

g) _____ + água →(lactase) _____ + galactose

9. Assinale relacionando a enzima com o respectivo suco digestivo.

Sucos \ Enzimas	Ptialina	Amilase	Pepsina	Peptidase	Tripsina	Invertase	Lipase
Saliva							
Suco gástrico							
Suco pancreático							
Suco entérico							

10. Associe corretamente.

(A) quimificação
(B) absorção
(C) insalivação
(D) deglutição

(   ) faringe
(   ) boca
(   ) intestino delgado
(   ) estômago

11. Identifique as afirmativas **verdadeiras** (V) e as **falsas** (F). Em seguida, justifique as afirmativas falsas.

a) Pelo fato de a saliva ser ácida, a carne pode ser digerida na boca. (   )

b) A absorção dos alimentos é facilitada no intestino delgado pelas vilosidades intestinais, que aumentam a sua superfície. (   )

c) O amido, parcialmente digerido na boca, continua a ser digerido no estômago por ação do suco gástrico. (   )

d) Os alimentos bem mastigados facilitam a digestão no estômago. (   )

e) Cada enzima é específica para determinado tipo de alimento. (   )

Justificativa(s).

12. Horácio comeu pão com manteiga e um hambúrguer de frango. Quais foram os produtos finais da digestão desses alimentos?

13. Na questão anterior, o que acontece com os aminoácidos após serem absorvidos pelas células?

14. O que acontece com o excesso de glicose no organismo?

15. Resolva a cruzadinha.

HORIZONTAIS

1. Enzima que atua na digestão das gorduras.

2. Produtos da digestão das gorduras.

3. Carboidrato que se forma na digestão inicial do amido.

4. Conjunto de fenômenos químicos da digestão que ocorrem na boca.

5. Conjunto de fenômenos químicos da digestão que ocorrem no estômago.

VERTICAIS

1. Enzima específica para a digestão do amido na boca.

2. Polissacarídeo armazenado no fígado.

3. Fruto rico em glicose.

4. Produto final da digestão das proteínas.

5. Substância formada inicialmente na digestão das proteínas.

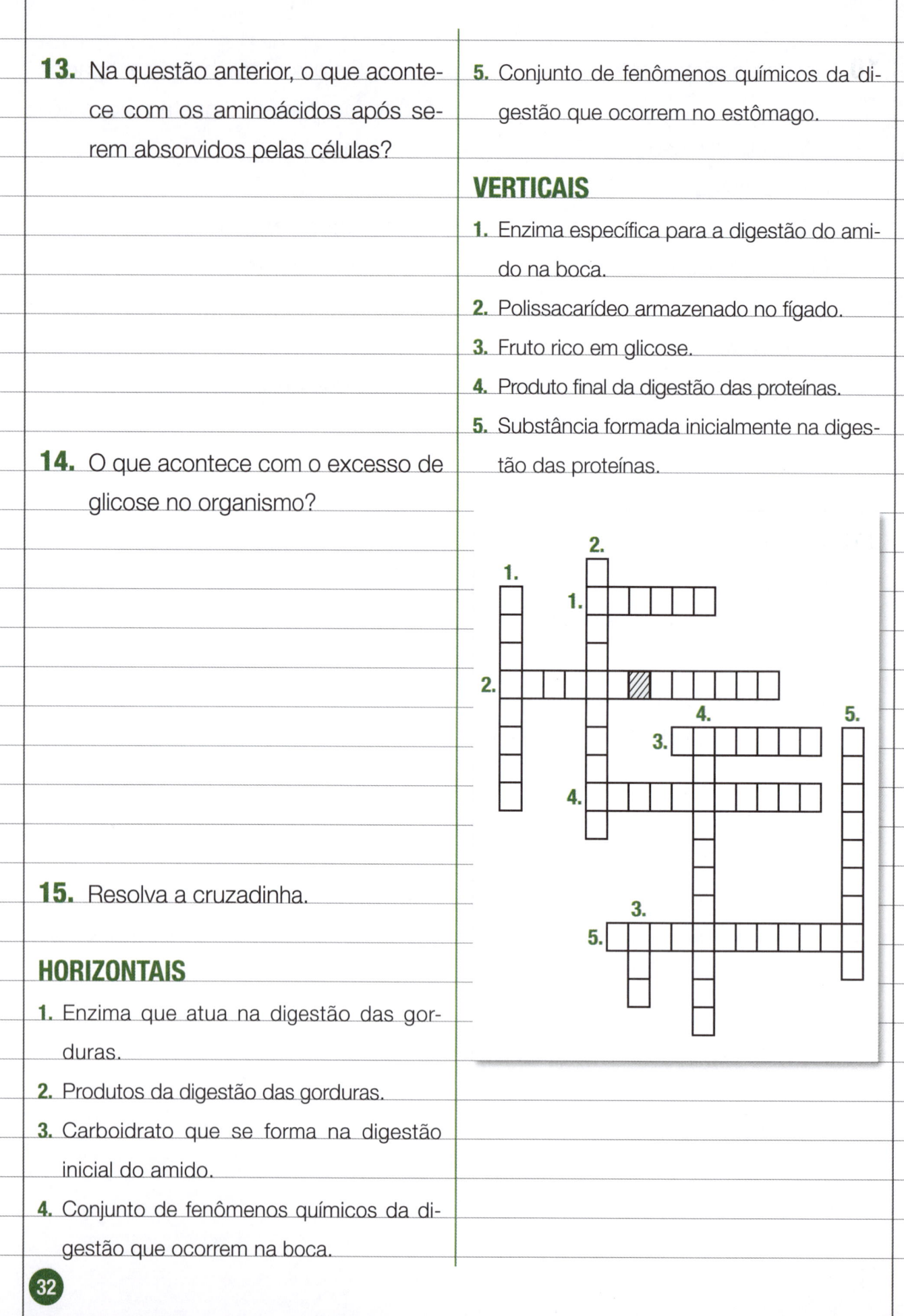

7. Sistema respiratório: a respiração celular

Respiração celular: liberação da energia da glicose em presença de oxigênio. Como resíduos, formam-se gás carbônico e água. Esse fenômeno envolve trocas gasosas no sistema respiratório (absorção de oxigênio e eliminação de gás carbônico), especificamente, nos pulmões.

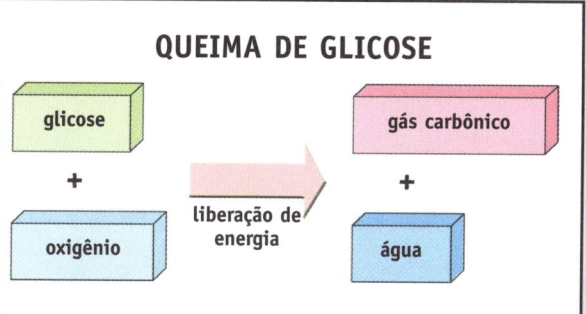

QUEIMA DE GLICOSE

glicose + oxigênio → liberação de energia → gás carbônico + água

Sistema respiratório: fossas nasais, faringe, laringe, traqueia, brônquios e bronquíolos. Dois **pulmões** revestidos pelas **pleuras**. Como órgão acessório, há o **diafragma**. Entre os pulmões há um espaço, o **mediastino**.

- **Fossas nasais:** entrada pelas narinas e saída na faringe. Contêm pelos e muco (que purificam o ar) e numerosos vasos sanguíneos (que aquecem o ar).
- **Epiglote:** estrutura em forma de "tampinha" que fecha a laringe durante a deglutição.
- **Lobos:** divisões dos pulmões, que recebem os brônquios. O pulmão direito tem 3 lobos e o esquerdo tem 2.
- **Alvéolos pulmonares:** numerosos saquinhos de tecido pulmonar, ricos em capilares sanguíneos (vasos finíssimos) em suas paredes, por onde ocorrem as trocas gasosas. Localizados nas extremidades dos bronquíolos.

Fenômenos respiratórios:

- **Mecânicos**
  a) **Inspiração:** entrada de ar nos pulmões (contração do diafragma, aumentando o volume pulmonar e diminuindo sua pressão).
  b) **Expiração:** saída de ar dos pulmões (relaxamento do diafragma, diminuindo o volume pulmonar e aumentando sua pressão).
- **Químicos:** reação da hemoglobina com o oxigênio.

Importante:

- **Ar:** mistura de gases, sendo um deles o gás oxigênio, necessário à respiração celular.
- **corrente:** o que entra e sai normalmente dos pulmões na respiração = 0,5 ℓ;
- **complementar:** introduzido nos pulmões na inspiração forçada = 1,5 ℓ;
- **de reserva:** eliminado dos pulmões na expiração forçada = 2 ℓ;
- **residual:** quantidade de ar sempre presente nos pulmões = 1,5 ℓ.
- **Frequência respiratória:** número de respirações por minuto = cerca de 17.
- **Espirômetro:** aparelho que mede a amplitude dos movimentos respiratórios.

Lembre que:

Algumas doenças podem acometer os pulmões e comprometer todo o organismo. Veja as mais frequentes:

- **Tuberculose**: infecção dos pulmões causada pelo bacilo de Koch. Prevenida pela vacina B.C.G.

- **Pneumonia**: infecção dos pulmões causada pela bactéria pneumococo.

- **Enfisema pulmonar**: rompimento dos alvéolos pulmonares com formação de cavidades.

Outro risco para os pulmões são as combustões lentas em ambientes fechados, como em um quarto com lareira ou um veículo ligado na garagem. Faz-se necessário precavê-las, pois além do gás carbônico, forma-se o gás monóxido de carbono, que se combina com a hemoglobina dos glóbulos vermelhos do sangue. Mas, ao contrário do oxigênio, uma vez combinado com a hemoglobina, não se descombina mais. Dessa forma, depois que o sangue vai aos tecidos e retorna aos pulmões, o monóxido de carbono ligado à hemoglobina impede a combinação desta com o oxigênio. Sem receber oxigênio, os órgãos vitais entram em colapso, isto é, há uma parada cardíaca e uma parada respiratória, causando a morte do indivíduo.

1. Identifique os órgãos do sistema respiratório.

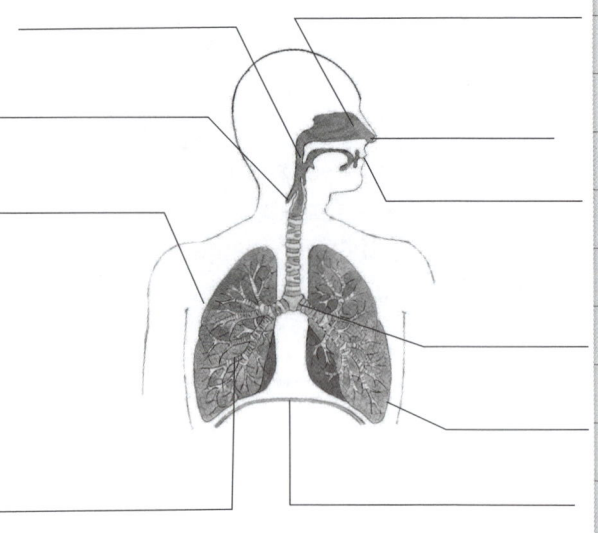

2. Associe corretamente.

(A) epiglote
(B) mediastino
(C) pleuras
(D) diafragma

(   ) músculo que separa o tórax do abdome
(   ) membranas envolventes dos pulmões
(   ) tampa da laringe
(   ) espaço entre os dois pulmões

3. Complete as seguintes frases.

a) Respiração celular é a liberação de _____ da glicose em presença de _____.

b) A respiração celular é mantida pelas _____ gasosas que ocorrem no sistema respiratório.

c) Os brônquios penetram nos _____.

d) No interior da _____ há duas membranas chamadas cordas vocais, responsáveis pela _____ humana.

e) _____ são as ramificações dos brônquios.

f) Cada ramo dos bronquíolos termina num canal alveolar rodeado de saquinhos chamados _____, onde ocorrem as _____.

4. Complete o esquema que mostra o caminho do ar.

Caminho do ar
- Fossas nasais
-
-
- Bronquíolos

5. Por que o ar chega já aquecido aos pulmões?

6. Por que é preferível inspirar pelo nariz e não pela boca?

7. O que são alvéolos pulmonares? Qual é a sua importância?

8. Associe corretamente.

(A) inspiração
(B) expiração
(C) frequência respiratória
(D) espirômetro
(E) ar complementar
(F) ar de reserva

(   ) medida da amplitude dos movimentos respiratórios

(   ) número de respirações por minuto

(   ) ar inalado na inspiração forçada

(   ) ar eliminado na expiração forçada

(   ) saída de ar dos pulmões

(   ) entrada de ar nos pulmões

9. Quais são os fenômenos mecânicos da respiração? Em que consistem?

10. O que você entende por ar corrente? Qual é o seu valor?

11. Como se explica que o ar expirado contenha mais gás carbônico do que o ar inspirado?

12. Assinale a alternativa correta.

a) O bacilo de Koch causa no ser humano:
(   ) a bronquite
(   ) o enfisema pulmonar
(   ) a tuberculose
(   ) a pneumonia

b) O ar que entra e sai dos pulmões na inspiração e expiração normal é chamado:
(   ) ar residual
(   ) ar corrente
(   ) ar complementar
(   ) ar de reserva

c) As trocas gasosas realizam-se nas paredes:

( ) das pleuras
( ) do mediastino
( ) dos bronquíolos
( ) dos alvéolos pulmonares

d) Há uma quantidade de ar (cerca de 1,5 litro) que não sai dos pulmões durante a expiração. Essa quantidade de ar denomina-se:

( ) ar residual
( ) ar complementar
( ) ar corrente
( ) ar de reserva

e) Uma infecção nos pulmões causada por pneumococo leva à:

( ) gripe
( ) asma brônquica
( ) bronquite
( ) pneumonia

13. O gás oxigênio que inspiramos é transportado por qual elemento do sangue?

14. Há muitos casos de pessoas encontradas mortas próximas às lareiras e aos aquecedores ou em garagens fechadas, com o carro funcionando. Como você explica isso?

15. Durante exercícios físicos, o que ocorre com a frequência respiratória? Você saberia explicar por que isso acontece?

16. Resolva a cruzadinha.

HORIZONTAIS

1. Aparelho que mede a amplitude dos movimentos respiratórios.

2. Válvula que tampa a abertura da laringe durante a deglutição.

3. Membranas serosas que revestem os pulmões.

4. As divisões dos pulmões.

VERTICAIS

1. Pequenos sacos situados nas terminações dos bronquíolos.

2. Saída de ar dos pulmões.

3. Fenômeno caracterizado pela liberação da energia.

4. Rompimento dos alvéolos pulmonares.

8. O sangue e a linfa

Sangue: líquido (plasma) contendo células (elementos figurados) em suspensão, formadas na medula óssea vermelha.

Plasma: água e outras substâncias: glicose, aminoácidos, proteína coagulante (fibrinogênio), imunoglobulinas etc.

Elementos figurados do sangue:

- **Hemácias** (glóbulos vermelhos): 4.500.000 a 5.000.000/mm^3 de sangue. Transporta os gases respiratórios, devido à presença de **hemoglobina**, proteína que dá cor vermelha à hemácia.

- **Leucócitos** (glóbulos brancos): 6.000 a 10.000/mm^3 de sangue. Os movimentos ameboides permitem que os leucócitos se desloquem no organismo. Funções:

a) **diapedese** (atravessam as paredes dos capilares);

b) **fagocitose** (englobam e digerem corpúsculos estranhos às células);

c) produzem **anticorpos** (substâncias de defesa orgânica).

- **Plaquetas** (fragmentos de células): 300.000/mm^3 de sangue. Funcionam na coagulação do sangue.

As alterações do equilíbrio entre os elementos figurados do sangue são denominados como:

- **Leucocitose:** aumento do número de leucócitos (nas infecções).
- **Leucopenia:** diminuição do número de leucócitos.
- **Anemia:** diminuição do número de hemácias.

Sistema linfático: linfa + vasos linfáticos + órgãos linfoides (baço, timo, tonsilas palatinas e gânglios linfáticos); trabalha em conjunto com o **sistema imunológico** para a defesa do organismo contra agentes infecciosos externos.

- **Linfa:** líquido intercelular recolhido pelos vasos linfáticos e que percorre lentamente o sistema linfático.

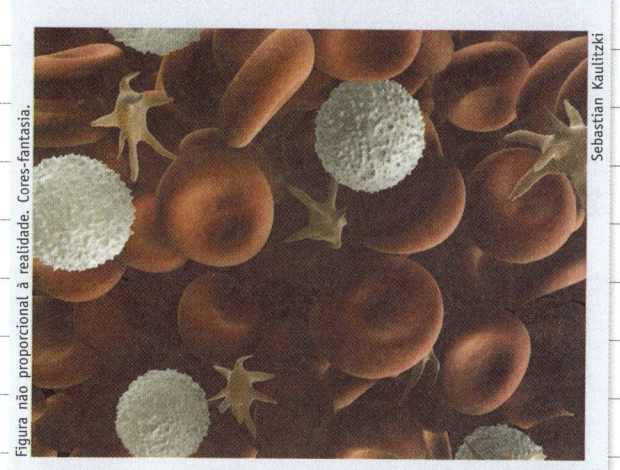

Ilustração reproduz a microscopia do sangue humano, mostrando as hemácias, os leucócitos e as plaquetas.

Lembre que:

- As hemácias duram de 3 a 4 meses, por não possuírem núcleo que controle a atividade celular.

- Depois de coagulado, o plasma perde o fibrinogênio e passa a chamar-se **soro sanguíneo**. O que determina a coagulação é a formação da **fibrina** a partir de fibrinogênio.

- A quantidade de sangue no organismo é de aproximadamente 7% do peso corporal.

- Certos leucócitos (linfócitos) são produzidos em órgãos linfoides.

- A linfa não coagula porque não contém plaquetas. Também não possui hemácias.

1. Na ilustração abaixo, identifique os elementos figurados do sangue.

- oxigenação
- coagulação
- defesa

2. Complete o quadro.

Elemento sanguíneo	Quantidade em mm³	Função
Hemácias		
Leucócitos		
Plaquetas		

3. Associe corretamente.

(A) fagocitose
(B) diapedese
(C) hemoglobina
(D) leucocitose
(E) leucopenia
(F) anticorpos

(   ) substâncias produzidas por linfócitos
(   ) diminuição do número de leucócitos
(   ) leucócitos atravessando a parede do capilar
(   ) substância vermelha das hemácias
(   ) aumento do número de leucócitos
(   ) englobamento e digestão de corpúsculos estranhos à célula

4. Complete as seguintes frases.

a) As hemácias são células de cor _____ especializadas no transporte de _____ respiratórios.

b) Plaquetas são fragmentos de células que interferem no processo de _____ do sangue.

c) Graças aos movimentos ameboides, os _____ podem deslocar-se em nosso organismo.

d) Quando ocorre uma infecção em nosso organismo, o número de _____ aumenta. É o que se denomina _____.

e) A linfa se assemelha muito ao sangue, mas não contém _____ nem _____.

f) Os leucócitos constituem as células de defesa do nosso organismo. Alguns produzem _____, que são substâncias de defesa orgânica. Outros digerem corpúsculos estranhos, função denominada _____.

5. Assinale **certo** (C) ou **errado** (E) e justifique as afirmativas erradas.

a) Imunoglobulinas são proteínas do plasma que funcionam como anticorpos ( ).

b) Soro sanguíneo é o mesmo que plasma sanguíneo ( ).

c) Todos os leucócitos originam-se na medula óssea vermelha ( ).

d) No processo de coagulação sanguínea, plaquetas transformam o fibrinogênio em fibrina ( ).

Justificativa(s).

6. Quantos litros de sangue tem, aproximadamente, um indivíduo de 90 kg?

7. Qual é o tempo de duração das hemácias? Por quê?

8. Como é composto o sistema linfático? Qual é a sua função?

IMPORTANTE:

Se em uma transfusão o paciente receber sangue incompatível ao dele, ocorrerá a aglutinação das hemácias de seu sangue, isto é, elas ficarão aglomeradas, dificultando a circulação sanguínea.

Doença hemolítica do recém-nascido ou **eritroblastose fetal:**

pai — mãe — filho
Rh^+ Rh^- Rh^+

9. Por que o sangue é vermelho?

10. Complete o esquema abaixo, indicando os sentidos das transfusões por meio de setas.

O
↑↓
O

A ⇄ A   B ⇄ B

AB
↑↓
AB

Tipos sanguíneos

I – Sistema **ABO: A, B, AB** e **O**

Regra de transfusões:

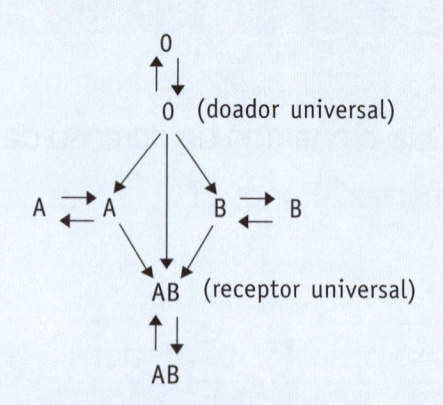

O
↑↓
O (doador universal)

A ⇄ A   B ⇄ B

AB (receptor universal)
↑↓
AB

II – Sistema **Rh: Rh^+** e **Rh^-**

Regra de transfusões:

Rh^- ⟵ Rh^- ⟶ Rh^+ ⟶ Rh^+

11. Gabriel tem sangue do tipo A Rh^-. Seu pai é A Rh^+, sua mãe é B Rh^- e seu irmão é O Rh^-. De qual familiar ele pode receber sangue por transfusão com toda segurança?

12. Levando em conta os sistemas sanguíneos ABO e Rh, que tipo de receptor poderá receber por transfusão qualquer tipo de sangue?

13. Explique por que é necessário conhecer o tipo sanguíneo do paciente que precisa de transfusão de sangue.

14. Assinale a alternativa correta.

a) Um indivíduo do grupo sanguíneo B pode ter como doadores indivíduos dos grupos:
( ) B e AB ( ) O e B
( ) O e A ( ) O, A e B

b) Pode ocorrer a eritroblastose fetal quando:
( ) o pai é Rh^+; a mãe é Rh^+ e o feto é Rh^+
( ) o pai é Rh^-; o feto é Rh^- e a mãe é Rh^+
( ) o pai é Rh^+; o feto é Rh^+ e a mãe é Rh^-

c) **Não** é(são) órgão(s) linfoide(s) produtor(es) de leucócitos:
( ) o baço
( ) o timo
( ) a medula óssea vermelha
( ) os gânglios linfáticos

d) O sangue denominado doador universal é:
( ) O, Rh^- ( ) B, Rh^-
( ) A, Rh^+ ( ) AB, Rh^+

e) O composto formado no final das reações de coagulação sanguínea é:
( ) protrombina
( ) fibrinogênio
( ) fibrina

f) Hemácias com aglutinogênio A em presença de plasma com aglutinina anti-A aglutinam, formando grumos. Este sangue é do tipo:
( ) A ( ) AB
( ) B ( ) O

9. Sistema circulatório: a circulação

A circulação: sistema de transporte do organismo. Distribui alimento, oxigênio e outras substâncias para as células, e também recolhe gás carbônico e outros resíduos que serão eliminados.

Sistema circulatório humano: coração + vasos sanguíneos.

O **coração** impulsiona o sangue que circula dentro dos vasos sanguíneos.

Coração
- **quatro cavidades:** duas superiores (**átrios**) e duas inferiores (**ventrículos**);
- **paredes:** membrana que reveste o interior do coração (**endocárdio**), membrana que reveste o exterior do coração (**pericárdio**) e intermediária (**miocárdio**, músculo responsável pelas contrações do órgão);
- **válvulas: tricúspide** (entre o átrio e o ventrículo direitos), **mitral** (entre o átrio e o ventrículo esquerdos) e **semilunares** (entre as artérias aorta e pulmonar e os ventrículos). A função das válvulas é impedir o refluxo, isto é, o retorno do sangue para a cavidade anterior.
- **marca-passo:** tecido condutor elétrico cardíaco que garante o funcionamento automático do órgão e o ritmo dos batimentos cardíacos.
- movimentos: **sístole** (contração) e **diástole** (relaxamento) — cerca de 60 a 80 batimentos por minuto (frequência cardíaca medida pelo estetoscópio), na realização dos movimentos.

Vasos sanguíneos
- **artérias:** conduzem sangue do coração aos tecidos;
- **veias:** conduzem sangue dos tecidos ao coração;
- **capilares:** de finíssimo calibre, estabelecem comunicação entre o sistema arterial e o sistema venoso.

Grandes vasos do coração
- **artéria aorta:** sai do ventrículo esquerdo;
- **artéria pulmonar:** sai do ventrículo direito;
- **veias cavas e coronárias:** entram no átrio direito;
- **veias pulmonares:** entram no átrio esquerdo.

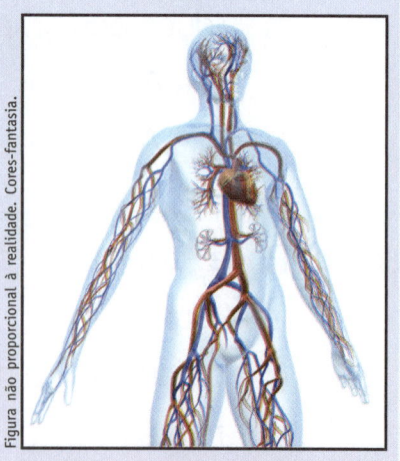

Na ilustração é possível observar o sistema circulatório, com artérias, veias e capilares, o sangue arterial está representado na cor vermelha e o sangue venoso na cor azul.

Figura não proporcional à realidade. Cores-fantasia. Sebastian Kaulitzki

44

ESQUEMA DA CIRCULAÇÃO PULMONAR E CIRCULAÇÃO SISTÊMICA

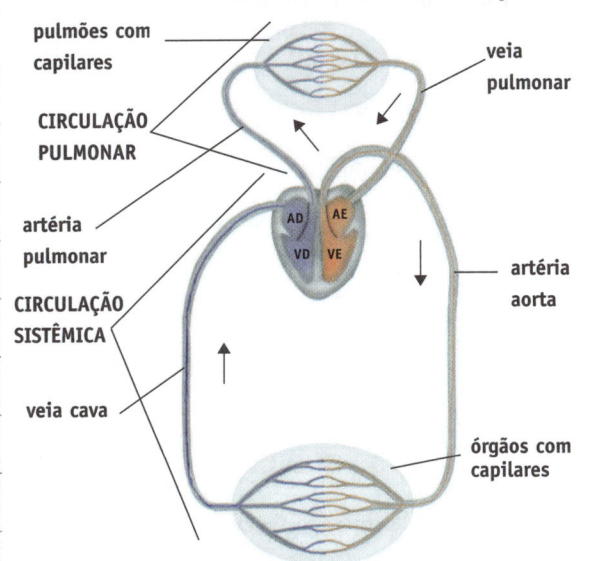

- pulmões com capilares
- veia pulmonar
- **CIRCULAÇÃO PULMONAR**
- artéria pulmonar
- **CIRCULAÇÃO SISTÊMICA**
- artéria aorta
- veia cava
- órgãos com capilares

AD: átrio direito
AE: átrio esquerdo
VD: ventrículo direito
VE: ventrículo esquerdo

■ Sangue venoso: rico em gás carbônico. Circula do lado direito do coração.

■ Sangue arterial: rico em oxigênio. Circula do lado esquerdo do coração.

Figuras não proporcionais à realidade. Cores-fantasia.

Lembre que:

- A circulação do sangue humano é dupla: a **pequena circulação** ou circulação pulmonar é a que sai e volta ao coração passando pelos pulmões; a **grande circulação** ou circulação sistêmica é a que sai e volta ao coração passando pelos órgãos.

- Do trabalho do coração e da elasticidade das paredes arteriais surge a **pressão arterial:** por volta de 12 (máxima)/8 (mínima).

- O sangue é conduzido à cabeça pelas **artérias carótidas** e retorna ao coração pelas **veias jugulares** (de calibre grosso).

- O sangue proveniente do baço (pela **veia esplênica**), do estômago (pela **veia gástrica**) e do intestino (pela **veia mesentérica**) passa obrigatoriamente pelo **sistema porta** do fígado.

1. Identifique as partes do coração humano.

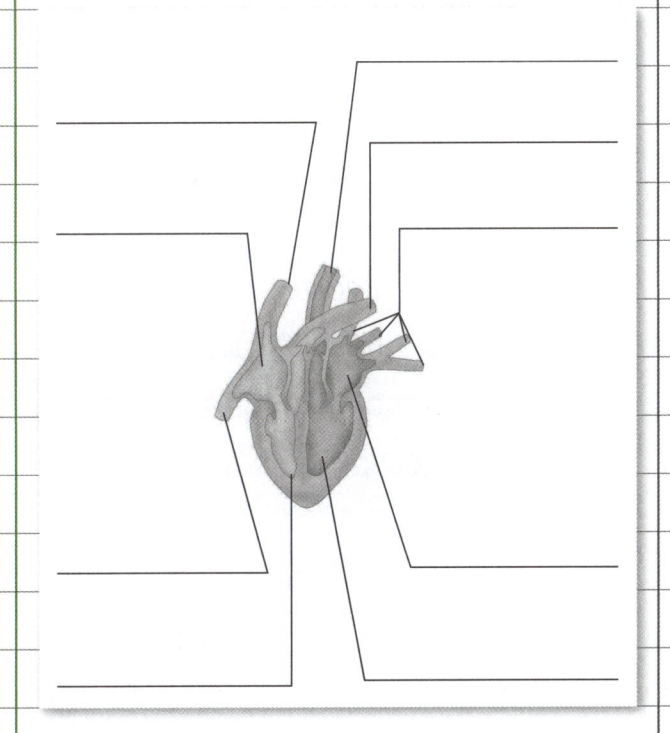

2. Complete as seguintes frases.

a) O átrio direito recebe as duas _____ (superior e inferior) e as _____.

b) O átrio esquerdo recebe quatro _____.

c) Do ventrículo direito sai a _____, que se bifurca.

d) Do ventrículo esquerdo sai a _____.

e) Entre o átrio e o ventrículo direitos há a válvula _____, que impede o refluxo do sangue do ventrículo direito ao átrio direito.

f) Entre o átrio e o ventrículo esquerdos há a válvula _____, que tem o mesmo papel da válvula tricúspide.

g) A parede do coração é constituída de um músculo chamado _____, revestido por uma membrana serosa externa denominada _____ e por uma membrana interna chamada _____.

3. Associe corretamente.

(A) sístole
(B) diástole
(C) válvula mitral
(D) artérias
(E) veias

(___) vasos que conduzem sangue dos tecidos ao coração
(___) contração do miocárdio
(___) vasos que conduzem sangue do coração aos tecidos
(___) relaxamento do miocárdio
(___) entre o átrio e o ventrículo esquerdos

4. Explique os movimentos que o coração faz. Quantas vezes eles ocorrem por minuto?

5. As válvulas cardíacas impedem o refluxo, ou retorno, do sangue para uma determinada cavidade. Observe a ilustração da circulação do sangue no interior do coração, na página 45, e complete o quadro.

Válvula	Localização	Função
Tricúspide		impede o retorno do sangue do ventrículo para o átrio direitos
	entre o átrio e ventrículo	impede o retorno do sangue _____ para o átrio esquerdos
	_____ e as artérias aorta e pulmonar	impede o retorno do sangue

6. Associe corretamente.

(A) sangue arterial
(B) sangue venoso
(C) válvula tricúspide
(D) válvula mitral
(E) marca-passo
(F) miocárdio

( ) músculo cardíaco
( ) tecido condutor elétrico cardíaco
( ) impede o refluxo de sangue do ventrículo direito ao átrio direito
( ) rico em gás carbônico
( ) impede o refluxo de sangue do ventrículo esquerdo ao átrio esquerdo
( ) rico em oxigênio

a) A grande circulação se estabelece entre o coração e todos os órgãos, oxigenando-os. ( )

b) A linfa é constituída de plasma e hemácias e sofre coagulação, quando retirada dos vasos. ( )

c) No interior das grandes veias, há um sistema de válvulas para impedir o refluxo do sangue. ( )

d) O trajeto do sangue no organismo humano é duplo. ( )

e) O estetoscópio é um aparelho destinado à medida da pressão arterial. ( )

f) Num indivíduo jovem, a pressão arterial máxima é de 12 cm de

7. Assinale **certo** (C) ou **errado** (E) e justifique as afirmativas erradas.

mercúrio e a mínima é de 8 cm de mercúrio. ( )

g) Todas as veias conduzem sangue venoso e todas as artérias conduzem sangue arterial. ( )

Justificativa(s).

8. Observe o esquema.

a) Indique na figura por meio de setas o sentido da circulação sanguínea nos seres humanos.

b) Descreva o trajeto do sangue na pequena circulação, partindo do ventrículo direito.

c) Descreva o trajeto do sangue na grande circulação, partindo do ventrículo esquerdo.

d) Descreva o trajeto do sangue na circulação geral, partindo do átrio direito.

e) Que tipo de sangue (venoso ou arterial) circula do lado esquerdo do coração? E do lado direito?

f) Relacione a circulação à respiração. Explique o que acontece com o sangue venoso quando ele chega aos alvéolos pulmonares.

g) Qual é o órgão que faz o sangue circular?

9. Preencha os quadrinhos em branco de acordo com o número de sílabas. Cada um deles corresponde a uma letra.

E descubra o nome do órgão responsável pela circulação sanguínea nos quadrinhos em destaque.

Use o banco de sílabas e vá riscando as que forem sendo utilizadas.

> CA – ÇÃO – CAS – CON – GU – JU
> LA – LE – MÃO – MAR – ME – PAS
> POR – PUL – RES – RI – SEN – SÍS
> SO – TA – TÉ – TO – TRA

- Tecido condutor elétrico cardíaco

  ☐☐☐☒ - ☐☐☐☐

- Contração do miocárdio

  ☐☐☐☒☐☐

- Artérias que irrigam o intestino

  ☐☐☐☐☐☒☐☐

- Veias que trazem o sangue da cabeça ao coração

  ☐☐☐☐☒☐☐

- Atividade do miocárdio para realização da sístole

  ☐☐☐ ☐☐☐ ☐ ☐

- Órgão integrante da pequena circulação

  ☐☐☐ ☐ ☐

- Sistema formado pelas veias esplênica, gástrica e mesentérica

  ☐ ☐ ☐ ☐

c) Por que um corte na região lateral do pescoço é de extrema gravidade e pode causar a morte de uma pessoa?

d) De que maneira o sangue é conduzido à cabeça e dela retorna para o coração?

Resposta:

10. Responda às seguintes questões.

a) Quais são os principais fatores responsáveis pela pressão arterial?

b) O que acontece com a pressão arterial durante uma grande hemorragia?

10. Sistema urinário: a excreção

SISTEMA URINÁRIO

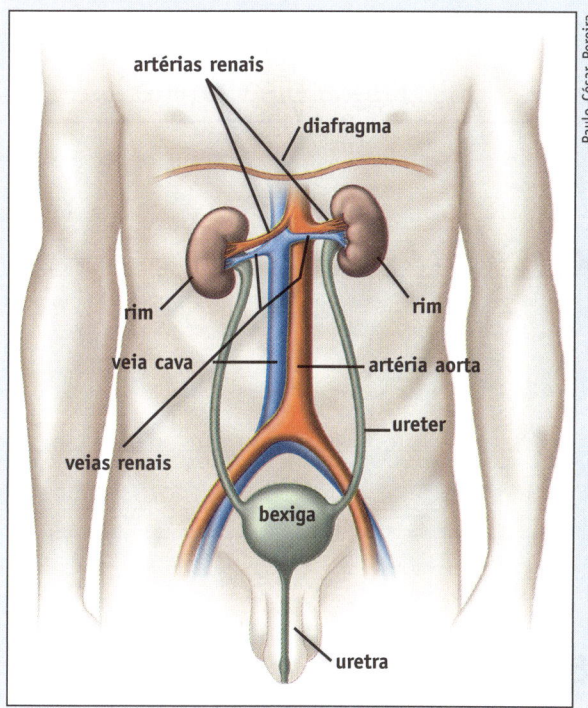

Figuras não proporcionais à realidade. Cores-fantasia.

Excreção: eliminação de resíduos das atividades das células e de substâncias que estão em excesso no sangue, a fim de manter constante sua composição.

Os resíduos ou excretas podem ser eliminados por meio:
- do sistema urinário (sob a forma de **urina**);
- da pele (sob a forma de **suor**);
- do sistema respiratório (**gás carbônico**).

Principais excretas contidas na urina e no suor: **ureia**, **ácido úrico** e **cloreto de sódio**.

Sistema urinário: dois **rins** e **vias urinárias** (bacinetes, ureteres, bexiga e uretra).

A cada rim chega o sangue impuro (contendo excretas) pela artéria aorta, que ramifica em artéria renal. Deles parte o sangue purificado pela veia renal, a qual desemboca na veia cava inferior.

Rim
- Região **cortical**: contém os glomérulos renais encapsulados, de onde saem os túbulos renais. Esses conjuntos são os **néfrons**.
- Região **medular**: contém as pirâmides renais, que se abrem nos bacinetes.

Etapas da formação da urina nos rins
a) Filtração do sangue nos glomérulos renais, retendo as proteínas.
b) Reabsorção parcial de água e sais minerais nos túbulos renais.
c) Reabsorção total de glicose nos túbulos renais.

Lembre que:
- As fezes (excrementos) não são excretas. Elas são formadas principalmente de restos dos alimentos não digeridos.
- A principal função da pele é de natureza tegumentar e, por meio da eliminação do suor, a atividade das glândulas sudoríparas contribui para a manutenção da temperatura corporal.

1. Identifique os órgãos do sistema urinário humano.

2. Identifique as estruturas.

3. Sobre o funcionamento dos rins, responda:
   a) Quais são os processos envolvidos na formação da urina?

   b) Qual deles é o processo que purifica o sangue?

   c) Qual deles equilibra a quantidade de água e sais minerais?

4. O que é néfron? Como ele é constituído?

5. Associe corretamente.
   (A) filtração do sangue
   (B) reabsorção de água e glicose
   (C) armazenamento da urina
   (D) eliminação da urina

   (   ) uretra
   (   ) bexiga
   (   ) túbulos renais
   (   ) glomérulos renais

6. Complete as seguintes frases.

   a) A eliminação dos resíduos das atividades das células denomina-se _____.

b) Constituem excretas o _____, o gás _____, a ureia e o _____.

c) O sistema urinário é constituído por dois _____ e por _____.

d) As vias urinárias compreendem dois _____, dois _____, a _____ e a _____.

e) Dos componentes do plasma, a urina de uma pessoa saudável não deve conter a _____ e as _____.

7. Assinale **certo** (C) ou **errado** (E) e justifique as afirmativas erradas.

a) Por evaporação da água contida no suor a pele esfria, eliminando o excesso de calor do organismo. ( )

b) As fezes são excretas formadas pelos restos de alimentos não digeridos. ( )

c) A pele elimina excretas, mas sua principal função é de natureza tegumentar. ( )

d) O gás carbônico é eliminado no suor. ( )

e) Nos glomérulos renais ocorre a reabsorção da água e da glicose. ( )

Justificativa(s).

8. Qual é a importância do suor?

COORDENAÇÃO DAS FUNÇÕES ORGÂNICAS

11. Sistema nervoso

Sistema nervoso: comanda as funções do organismo por meio de impulsos nervosos transmitidos pelos neurônios.

Neurônio: célula nervosa constituída de **corpo celular** com pequenos e numerosos prolongamentos (**dendritos**) e um grande prolongamento (**axônio**). A condução do impulso nervoso ocorre sempre no sentido: dendritos → corpo celular → axônio.

Meninges: membranas que revestem e protegem o sistema nervoso central (**dura-máter** ou externa, **pia-máter** ou interna e **aracnoide** ou intermediária).

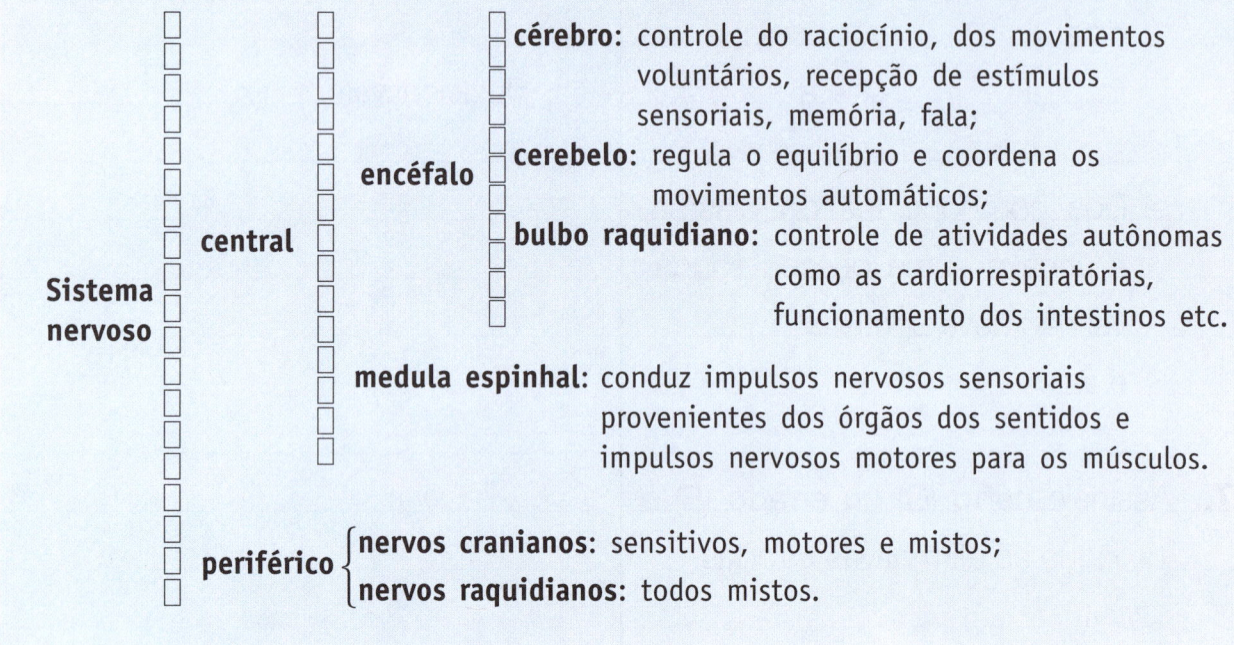

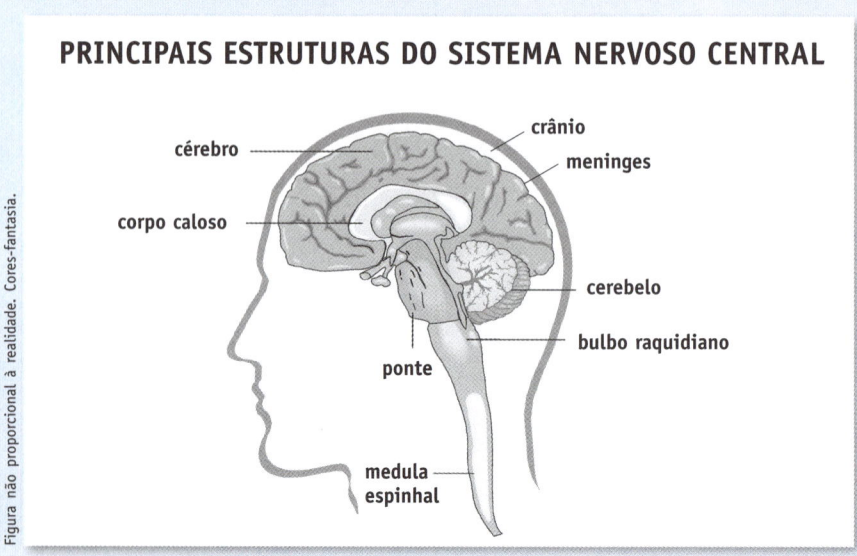

Sistema nervoso
- central
  - encéfalo
    - **cérebro:** controle do raciocínio, dos movimentos voluntários, recepção de estímulos sensoriais, memória, fala;
    - **cerebelo:** regula o equilíbrio e coordena os movimentos automáticos;
    - **bulbo raquidiano:** controle de atividades autônomas como as cardiorrespiratórias, funcionamento dos intestinos etc.
  - **medula espinhal:** conduz impulsos nervosos sensoriais provenientes dos órgãos dos sentidos e impulsos nervosos motores para os músculos.
- periférico
  - **nervos cranianos:** sensitivos, motores e mistos;
  - **nervos raquidianos:** todos mistos.

PRINCIPAIS ESTRUTURAS DO SISTEMA NERVOSO CENTRAL

Figura não proporcional à realidade. Cores-fantasia.

(cérebro, crânio, meninges, corpo caloso, cerebelo, ponte, bulbo raquidiano, medula espinhal)

Sistema nervoso autônomo (simpático e parassimpático): controla os movimentos dos músculos lisos, do músculo estriado cardíaco e o funcionamento das glândulas. Controla as funções da vida vegetativa, da reprodução e a temperatura corporal, independentemente da nossa vontade.

Reflexos nervosos: reações rápidas e involuntárias sob a ação de estímulos (mecânicos, térmicos, luminosos etc.). A retirada da mão diante de objetos pontiagudos e o fechamento das pálpebras diante da aproximação de um objeto são **atos reflexos**.

Lembre que:

- O cérebro apresenta reentrâncias e saliências (**circunvoluções**), separadas por sulcos (**fissuras**).

- A **substância branca** no cérebro e no cerebelo é interna, e a **substância cinzenta** é externa; no bulbo raquidiano e na medula espinhal ocorre o contrário.

- O **líquido cefalorraquidiano** (ou líquor) preenche o espaço entre as membranas aracnoide e pia-máter, as cavidades internas do encéfalo e o canal do epêndima da medula espinhal. Sua função é amortecer os choques mecânicos do sistema nervoso central contra os ossos do crânio e da coluna vertebral.

1. Qual é a função dos neurônios?

2. Identifique as partes do neurônio:

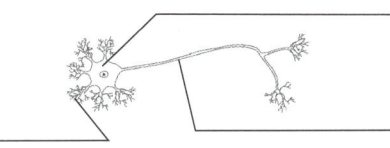

3. Complete as seguintes frases.

a) Quando um neurônio recebe um estímulo, produz-se em seu interior um _____, que caminha no sentido dendritos → corpo celular → axônio.

b) No interior das cavidades do sistema nervoso central circula o _____.

c) O sistema nervoso central é protegido por três membranas chamadas _____, que, de fora para dentro, são: _____, _____ e _____.

d) A camada externa do cérebro é formada pela _____, denominada córtex cerebral.

e) O cérebro apresenta reentrâncias e saliências chamadas _____, separadas por sulcos ou _____.

4. Identifique as estruturas do sistema nervoso central.

5. Por que o cérebro é importante?

6. Um indivíduo sofreu um traumatismo cranioencefálico. Ao se recuperar do mal, ficou com algumas sequelas, como, por exemplo, transtornos no equilíbrio e na coordenação de alguns movimentos. Que região possivelmente foi afetada?

7. Quais são as funções do cerebelo?

8. Como se distribuem as substâncias branca e cinzenta no cerebelo e no bulbo raquidiano?

9. Que parte do sistema nervoso está relacionada com a aceleração ou a diminuição dos batimentos cardíacos e com os movimentos peristálticos?

10. Qual é o papel do líquido cefalorraquidiano?

11. Que tipos de impulsos nervosos são transmitidos pela medula espinhal?

12. Com que parte do sistema nervoso central se relacionam e que tipos de nervos são os raquidianos?

13. Que tipos de nervos são os cranianos?

14. O que é sistema nervoso autônomo? Como ele é constituído?

15. Quais são as funções do sistema nervoso autônomo?

16. O que é ato reflexo? Dê um exemplo.

17. Quando seguramos em uma panela quente, retiramos a mão imediatamente. Esse ato é voluntário?

12. Sistema endócrino

O sistema endócrino tem a função de regular o metabolismo de todos os sistemas (respiratório, circulatório, digestório, urinário). Coordenadas pelo cérebro, as glândulas endócrinas liberam substâncias que mantêm o equilíbrio de diversas funções e composições químicas do corpo, como temperatura, pulso, pressão arterial, taxa de açúcar no sangue etc.

Glândulas: conjuntos de células que produzem, armazenam e eliminam substâncias (**secreções**).

a) **Exócrinas**: eliminam as secreções por um canal. Ex.: glândulas salivares.
b) **Endócrinas**: lançam as secreções diretamente no sangue. Ex.: tireoide. Suas secreções chamam-se **hormônios**.

Glândulas endócrinas

- **Hipófise**: localizada sob o encéfalo. Produz:
    a) **hormônio somatotrófico**: para o crescimento; em excesso: gigantismo; em escassez: nanismo; em excesso na fase adulta: acromegalia;
    b) **hormônio antidiurético**: regula o teor de água na urina; em escassez: diabete insípido;
    c) **hormônio tireotrófico**: estimula a tireoide;
    d) **hormônio adrenocorticotrófico**: controla o funcionamento das glândulas suprarrenais ou adrenais;
    e) **hormônios gonadotróficos**: estimulam as glândulas sexuais;
    f) **ocitocina**: estimula as contrações uterinas no parto e a fluidez do leite na amamentação;
    g) **prolactina**: estimula a produção do leite.
- **Tireoide**: localizada na frente da traqueia.
    a) **Hipofunção** (menor produção de hormônio): lentidão nos movimentos e no raciocínio, aspereza da pele, apatia (indiferença);
    b) **Hiperfunção**: olhos saltados, intolerância ao calor; deficiência de iodo: bócio (papeira no pescoço).
- **Paratireoides**: controle do teor de cálcio no sangue.
- **Timo**: localizado no tórax. Tem função na proteção de anticorpos e seu tamanho diminui gradativamente com a idade.
- **Suprarrenais ou adrenais**: localizados sobre os rins.
    a) porção periférica: produz **hormônios corticosteroides**: aproveitamento de açúcares, proteínas e gorduras e controle da quantidade de água e sais;
    b) porção interna: produz **adrenalina**: aumenta as reações no estado emocional.
- **Gônadas**
    a) masculinas: localizadas na bolsa escrotal, produzem **testosterona** (produção de espermatozoides);
    b) femininas: localizadas no abdome, produzem **estrógeno** e **progesterona** (ciclo menstrual e gravidez).

GLÂNDULAS DE SECREÇÃO INTERNA

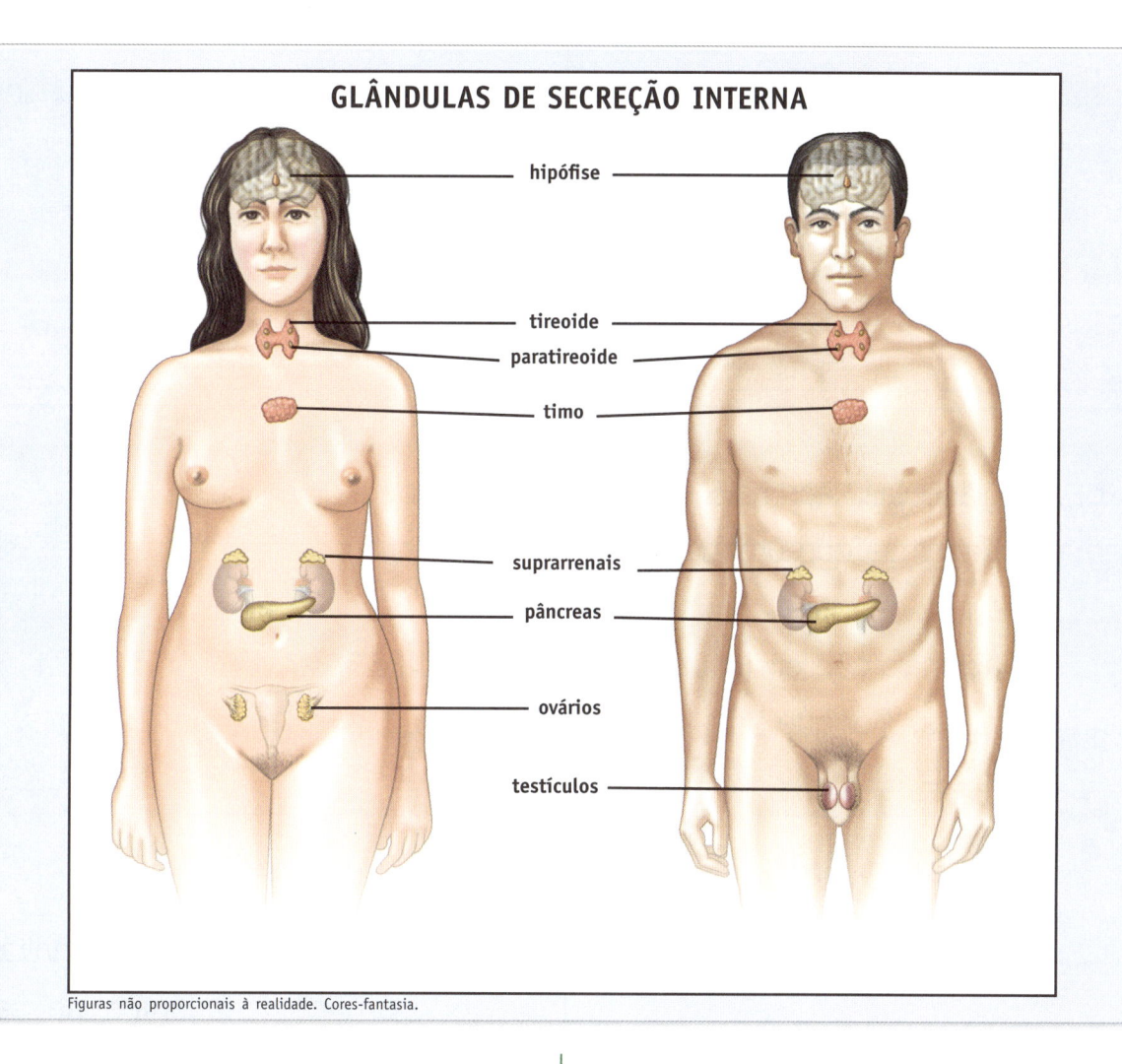

- hipófise
- tireoide
- paratireoide
- timo
- suprarrenais
- pâncreas
- ovários
- testículos

Figuras não proporcionais à realidade. Cores-fantasia.

Lembre que:

- A hipófise é denominada **glândula mestra** porque produz hormônios que interferem no funcionamento de outras glândulas.

- O **pâncreas** é uma glândula mista, isto é, exócrina (produz o suco pancreático) e endócrina (produz a **insulina**, que regula o teor de glicose no sangue; quando insuficiente, surge o diabete melito).

1. O que são glândulas?

2. Sobre as glândulas exócrinas e as glândulas endócrinas, responda:
   a) Qual é a diferença entre as glândulas? Dê exemplos.

b) As glândulas lacrimais produzem lágrimas que umedecem e protegem os olhos. As glândulas lacrimais são endócrinas ou exócrinas? Por quê?

3. Por que o pâncreas é considerado uma glândula mista?

4. Por que a hipófise é denominada glândula mestra?

5. O que é gigantismo?

6. Por que as autoridades sanitárias obrigam os fabricantes de sal a acrescentar certa taxa de sais de iodo no produto?

7. Associe corretamente.

(A) bócio   ( ) estrógeno
(B) diabete   ( ) leite
(C) ovário   ( ) tireoide
(D) testículo   ( ) pâncreas
(E) prolactina   ( ) testosterona

8. Complete as seguintes frases.

a) Quando o teor de glicose no sangue aumenta, as ilhotas pancreáticas ficam estimuladas e produzem _____ para a taxa de glicose voltar ao normal.

b) Lentidão nos movimentos e no raciocínio são sintomas da hipofunção da glândula _____.

c) A testosterona é um hormônio produzido nos _____, assim como a progesterona e os estrógenos são produzidos nos _____.

d) Pelo fato de interferir no funcionamento de outras glândulas, a _____ é chamada glândula mestra.

e) Durante o parto, as contrações uterinas são estimuladas pela _____. E, após o parto, a estimulação das glândulas mamárias para a produção do leite deve-se à ação da _____.

f) Para a síntese do hormônio da tireoide, é necessária a presença do elemento químico _____.

g) O hormônio _____, produzido pela glândula hipófise, interfere no _____ de todos os tecidos, em particular do tecido ósseo.

9. Assinale **certo** (C) ou **errado** (E) e justifique as afirmativas erradas.

a) A secreção das glândulas endócrinas é lançada, por meio de canais, no exterior do corpo ou dentro de cavidades de órgãos. ( )

b) Origina-se o anão hipofisário quando o hormônio gonadotrófico é produzido em excesso. ( )

c) O hormônio antidiurético interfere no processo de reabsorção de água nos túbulos renais. ( )

d) A ocitocina estimula a produção do leite nas gestantes após o parto. ( )

e) O diabete insípido é produzido quando há deficiência na produção de hormônio antidiurético. (   )

f) Distúrbios da glândula tireoide podem ser causados por desregulação na produção de hormônio pela glândula tireoide ou pela glândula hipófise. (   )

g) O paratormônio regula o metabolismo do cálcio. (   )

Justificativa(s).

10. Relacione a hipófise ao sistema urinário.

FUNÇÕES DE RELAÇÃO COM O AMBIENTE

13. A pele como órgão dos sentidos

Pele: reveste e protege o corpo; órgão de percepção da forma, textura e temperatura dos objetos. Também nos dá a sensação de dor.

Receptores sensoriais da pele
- **Corpúsculos sensoriais:** encapsulados por tecido conjuntivo e ligados a neurônios sensoriais: sensações de pressão, textura, temperatura.
- **Terminações nervosas livres:** sensação de dor. Essas terminações estão localizadas na epiderme e no revestimento dos órgãos.
- Os **estímulos** sobre os corpúsculos geram impulsos que são levados ao cérebro, onde se processam as sensações.

1. Cite as funções da pele.

2. Uma pessoa espetou o dedo ao segurar uma rosa. Explique como essa informação chega ao cérebro, que interpreta a sensação de dor.

3. Complete as seguintes frases.

a) Os receptores sensoriais da pele são os _____ sensoriais e as _____.

b) As terminações nervosas livres são especializadas para as sensações de _____.

c) Os corpúsculos sensoriais são especializados para as sensações de pressão, _____ e _____.

d) Os estímulos agem sobre os corpúsculos sensoriais, gerando _____ que são conduzidos ao cérebro, onde se processam as _____.

4. Assinale **certo** (C) ou **errado** (E) e justifique as afirmativas erradas.

a) Quando seguramos uma caneta, a pele recebe estímulos que nos dão sensações de tato (pressão, temperatura, textura). ( )

b) As terminações nervosas livres, responsáveis pelas sensações de dor, são encontradas exclusivamente na epiderme. ( )

c) Os corpúsculos sensoriais têm extremidade nervosa encapsulada por tecido conjuntivo e comunicam-se com neurônios motores. ( )

d) Uma das manifestações da hanseníase (ou lepra) consiste em manchas esbranquiçadas na pele, que a torna insensível às variações de temperatura nessas regiões, pelo fato de os bacilos causadores destruírem os corpúsculos sensoriais aí existentes. ( )

Justificativa(s).

14. Globos oculares: sentido da visão

Globos oculares: órgãos responsáveis pelo sentido da visão. Captam as informações do ambiente pela energia luminosa.

GLOBO OCULAR

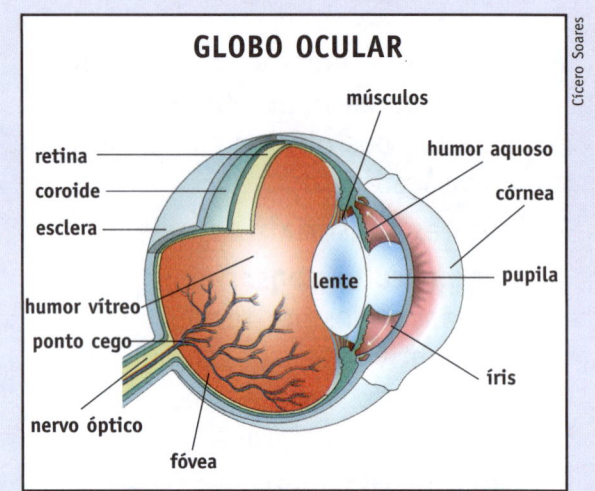

retina, coroide, esclera, humor vítreo, ponto cego, nervo óptico, fóvea, músculos, humor aquoso, córnea, lente, pupila, íris

Figuras não proporcionais à realidade. Cores-fantasia.

Camadas dos globos oculares

a) **Esclera:** camada mais externa, resistente e protetora, forma anteriormente a córnea transparente.

b) **Coroide:** camada que possui muitos vasos sanguíneos, que transportam alimento e oxigênio, nutrindo os globos oculares; dobra-se anteriormente, formando a íris (membrana colorida com um orifício, a **pupila**), que regula a quantidade de luz adequada para a visão.

c) **Retina:** camada sensível do olho que contém células (**cones** e **bastonetes**, para a visão em cores e em ambiente pouco iluminado). Sua área mais sensível é a **fóvea** (mancha amarela) e a insensível é o **ponto cego** (sem cones nem bastonetes).

Meios transparentes do olho: córnea, humor aquoso, lente (ou cristalino) e humor vítreo.

Anexos dos globos oculares: glândulas lacrimais, cílios, pálpebras, supercílios e músculos motores dos globos oculares.

Deficiências da visão

- **Miopia:** formação da imagem antes da retina; correção com lentes divergentes.
- **Hipermetropia:** formação da imagem depois da retina; correção com lentes convergentes.
- **Daltonismo:** dificuldade em distinguir certas cores; não há correção. Decorre de herança genética ligada ao cromossomo sexual X.
- **Astigmatismo:** imagem distorcida na retina; correção com lente cilíndrica.

Lembre que:

- A **lente**, ou cristalino, é uma estrutura em forma biconvexa que focaliza a imagem na retina. Ao se tornar opaca, ocasiona a **catarata**.
- O **glaucoma** é causado pelo aumento da pressão nos fluidos intraoculares.
- A **lágrima** lubrifica o globo ocular e diminui o atrito com as pálpebras. Também limpa o olho.
- A imagem formada na retina é invertida em relação ao objeto. No cérebro, a imagem é interpretada corretamente.

1. Identifique as estruturas do globo ocular.

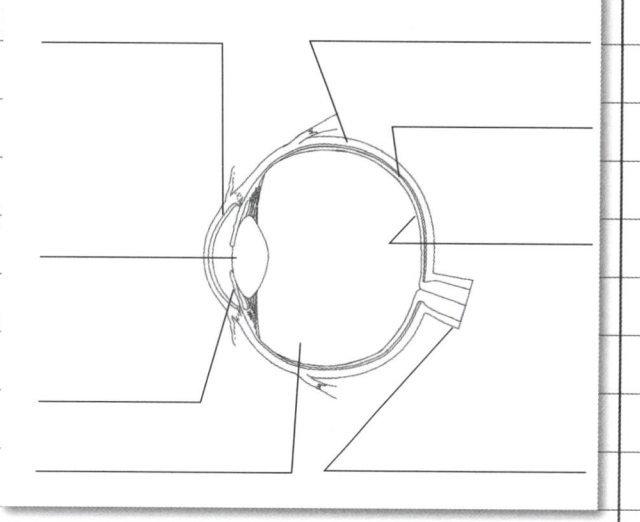

2. Quais são os meios transparentes dos globos oculares?

3. O que é ponto cego?

4. Assinale o estímulo do ambiente associado à visão:

( ) energia sonora

( ) partículas de cheiro

( ) aspereza

( ) energia luminosa

5. Associe corretamente.

(A) esclera
(B) coroide
(C) retina
(D) cones
(E) bastonetes
(F) íris

( ) disco colorido com abertura pupilar
( ) visão em cores
( ) visão na penumbra
( ) nutrição do globo ocular
( ) proteção do globo ocular
( ) camada sensível do globo ocular

6. Faça a associação entre as estruturas do olho e as de uma máquina fotográfica que têm função correspondente.

(A) lente   ( ) filme
(B) íris   ( ) diafragma
(C) retina   ( ) lente

7. O que é mancha amarela?

8. Que tipo de reflexo nervoso ocorre quando algum objeto se aproxima dos olhos? Qual é a sua importância?

9. Qual é a importância da lágrima para os globos oculares?

10. Complete as seguintes frases.

a) A retina possui uma área chamada _____ ou _____, na qual a sensibilidade à luz é maior.

b) Na saída do nervo óptico, a retina possui uma região chamada _____, insensível à luz.

c) A lente tem a forma _____ e é responsável pela acomodação da _____.

d) Na retina, a imagem dos objetos é _____, sendo interpretada corretamente no cérebro.

e) Na _____ a imagem se forma _____ da retina. É corrigida com o emprego de lentes _____.

f) Na _____ a imagem se forma _____ da retina. É corrigida com o emprego de lentes _____.

11. Assinale a alternativa correta.

a) Quando o indivíduo não distingue certas cores, é portador de:

( ) astigmatismo
( ) miopia
( ) hipermetropia
( ) daltonismo

b) O aumento da pressão intraocular causa uma doença conhecida como:

( ) catarata
( ) conjuntivite
( ) glaucoma
( ) xeroftalmia

c) A abertura da íris para a penetração da luz no olho denomina-se:

( ) fóvea
( ) pupila
( ) esclera
( ) lente

d) Quando o indivíduo não enxerga bem os objetos distantes, é portador de:

( ) miopia
( ) hipermetropia
( ) astigmatismo
( ) glaucoma

12. Resolva a cruzadinha.

HORIZONTAIS

1. Região da retina mais sensível à luz.
2. Lentes corretoras da hipermetropia.
3. Problema na visão em que o indivíduo enxerga mal os objetos distantes.
4. Problema na visão em que o indivíduo enxerga mal os objetos próximos.

VERTICAIS

1. Camada nutritiva do olho.
2. Células responsáveis pela visão em cores.
3. Opacidade da lente do globo ocular.
4. Estrutura do olho em forma biconvexa.
5. Problema na visão em que o indivíduo não distingue certas cores.
6. Membrana colorida do olho.
7. Camada interna sensível do olho.

15. Sistema auditivo: audição

Sistema auditivo: conjunto de órgãos que possibilitam as percepções sonoras (audição) e o sentido espacial (equilíbrio).

ESQUEMA DA ORELHA HUMANA EM CORTE

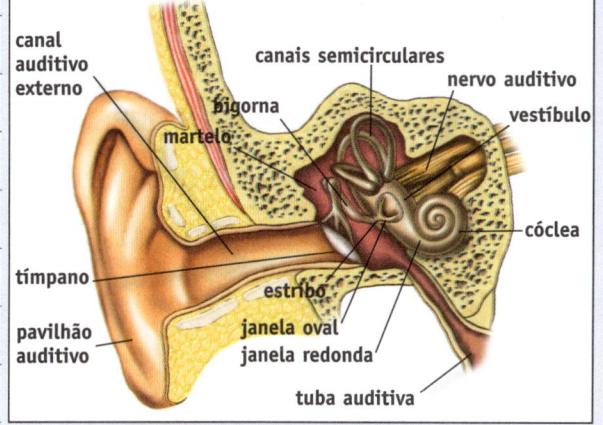

- canal auditivo externo
- canais semicirculares
- nervo auditivo
- bigorna
- martelo
- vestíbulo
- cóclea
- tímpano
- estribo
- pavilhão auditivo
- janela oval
- janela redonda
- tuba auditiva

Figuras não proporcionais à realidade. Cores-fantasia.

Estrutura do sistema auditivo

- **Orelha externa:** capta e conduz as ondas sonoras.
  a) pavilhão auditivo;
  b) canal auditivo externo.
- **Orelha média:** comunica-se com a orelha externa pela membrana do **tímpano**, que treme com a vibração provocada pelas ondas sonoras. Contém 3 ossículos (martelo, bigorna e estribo). Está ligada à faringe pela tuba auditiva.
- **Orelha interna** (labirinto)
  a) **vestíbulo** (separado da orelha média pela **janela oval**);
  b) **canais semicirculares** (contêm o líquido endolinfa, são especializados para o equilíbrio);
  c) **cóclea** ou caracol (contém endolinfa e o órgão de Corti, com sensibilidade a vibrações sonoras, tem função auditiva).

Nervo auditivo: conduz os impulsos auditivos até o cérebro, que os interpreta como som.

Proteção da orelha: pelos e cerume produzido no canal auditivo externo. Cerume em grande quantidade pode atrapalhar a audição. Não o remova com grampos, palito ou cotonete.

Lembre que:

A audição humana está compreendida entre os limites de 20 a 20.000 hertz (vibrações sonoras por segundo).

1. Identifique as estruturas do sistema auditivo humano.

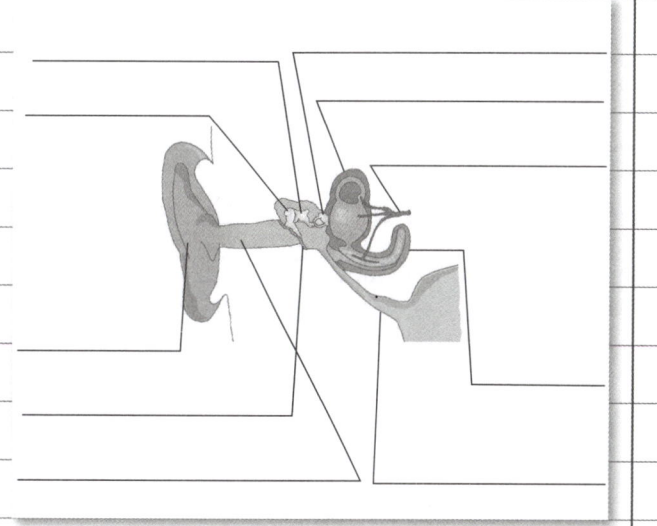

2. Descreva como são compostas as partes da orelha:
a) A orelha externa: formada por _____ e _____

b) A orelha interna: formada por _____ , _____ e _____ .

c) A orelha média: comunica-se com a _____ por meio do _____ . Ligada à _____ por meio da _____ , possui os ossículos _____ , _____ e _____ .

3. Que partes do sistema auditivo estão relacionadas à sensação de equilíbrio?

4. Em que local da orelha interna as vibrações se transformam em impulso nervoso? O que acontece a esses impulsos?

5. Associe corretamente.

(A) tuba auditiva
(B) órgão de Corti
(C) canal semicircular
(D) martelo

(   ) equilíbrio
(   ) ossículo da orelha média
(   ) faringe
(   ) sensibilidade a vibrações sonoras

6. Responda às seguintes questões.

a) Qual é a vantagem de o pavilhão auditivo ter a forma de concha?

b) Onde se situa o órgão de Corti?

c) Como é constituído o labirinto?

d) Que frequência de sons nossa orelha é capaz de distinguir?

e) Onde se apoia o estribo?

7. Escreva entre parênteses a sequência numérica que indica os eventos necessários para que ocorra a percepção sonora.

( ) Transmissão dos sons à endolinfa.
( ) Captação do som pelo pavilhão auditivo.
( ) Vibração do tímpano.
( ) Estimulação do órgão de Corti e formação de impulsos nervosos.
( ) Condução do som pelo canal auditivo externo.
( ) Transmissão das vibrações pelos ossículos da orelha média.
( ) Condução de impulsos nervosos pelo nervo auditivo até o cérebro, onde se verifica a sensação sonora.

8. Assinale **certo** (C) ou **errado** (E) e justifique as afirmativas erradas.

a) Uma grande quantidade de casos de surdez surge em indivíduos que trabalham em ambientes de ruído contínuo ou que costumam ouvir sons de aparelhos sonoros em alta intensidade. ( )

b) Cerume em grande quantidade pode prejudicar a audição. Por isso, é conveniente removê-lo usando grampos e palitos. ( )

c) Os canais semicirculares relacionam-se às sensações de equilíbrio. ( )

d) Nossa orelha distingue sons de qualquer frequência. ( )

e) O nervo auditivo é formado da união dos nervos coclear e vestibular. ( )

Justificativa(s).

9. Assinale a alternativa correta.

a) São estruturas da orelha média:
( ) pavilhão auditivo
( ) canal auditivo externo e cerume
( ) martelo, bigorna e estribo
( ) vestíbulo e cóclea

b) Nossa orelha só é capaz de distinguir sons cujo número de vibrações:
( ) é inferior a 20 hertz por segundo.
( ) está compreendido entre 20 e 20.000 hertz por segundo.
( ) é superior a 20.000 hertz por segundo.
( ) o número não é importante.

c) No fenômeno da audição, o sentido em que caminham as vibrações é o seguinte:
( ) pavilhão auditivo → canal auditivo externo → órgão de Corti → ossículos da orelha média → endolinfa → tímpano
( ) pavilhão auditivo → canal auditivo externo → ossículos da orelha média → tímpano → órgão de Corti
( ) pavilhão auditivo → canal auditivo externo → tímpano → ossículos da orelha média → endolinfa → órgão de Corti
( ) pavilhão auditivo → canal auditivo externo → endolinfa → tímpano → ossículos da orelha média

d) O labirinto é constituído essencialmente de:
( ) caixa do tímpano
( ) tuba auditiva
( ) janela oval e janela redonda
( ) vestíbulo, cóclea e canais semicirculares

e) A membrana do tímpano limita:
( ) a orelha externa com a orelha interna.
( ) a orelha média com a orelha interna.
( ) a orelha externa com a orelha média.
( ) a orelha externa com a faringe.

16. Os sentidos químicos: olfato e paladar

As fossas nasais aquecem, umidificam e filtram o ar inalado. Elas constituem a sede da **olfação**. A parte superior da **mucosa olfativa** contém terminações do **nervo olfativo**, que é ligado ao cérebro.

Partículas de alimentos, de plantas, de perfumes etc. são misturadas ao ar e entram no nariz na inspiração. Chegando às fossas nasais, elas estimulam as células sensoriais da mucosa olfativa e essa informação é transformada em impulsos nervosos, levados ao cérebro pelo nervo olfativo.

A língua e outras partes da boca possuem **papilas filiformes** (táteis) e **papilas caliciformes** e **fungiformes** (gustativas).

As substâncias dissolvem-se na saliva e estimulam as papilas. São vários os sabores percebidos: o **doce** (na extremidade da língua), o **amargo** (na base), o **salgado** (nas porções laterais anteriores) e o **azedo-ácido** (nas porções laterais profundas).

Os impulsos nervosos dos estímulos gustativos são transmitidos ao cérebro pelo **nervo glossofaríngeo** e nos dão as sensações do paladar.

1. Complete as seguintes frases.

a) As fossas nasais constituem a sede da _____.

b) A porção especializada em olfação é a parte superior das fossas nasais: a _____.

c) A mucosa olfativa contém terminações do _____.

d) A presença de grande quantidade de muco nas fossas nasais _____ a sensação olfativa.

2. Cite as funções das fossas nasais que vão além da função sensorial.

3. Complete as seguintes frases.

a) A _____ é a sede da sensação gustativa.

b) Na face superior da língua, encontram-se papilas sensoriais, umas _____ e outras _____.

c) As papilas gustativas da língua são de duas espécies: _____ e _____.

d) A língua capta informação de temperatura dos alimentos porque possui _____.

e) Para que haja sensação gustativa, é necessário que as substâncias se _____ na saliva.

f) Os principais sabores são: _____, _____, _____ e _____.

4. Localize as regiões da língua nas quais os sabores são mais pronunciados.

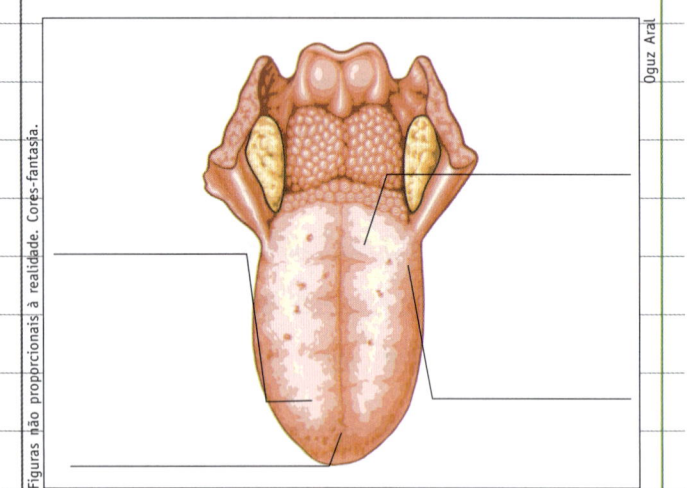

5. Resolva a cruzadinha.

HORIZONTAIS

1. Um dos tipos de papila gustativa.
2. Substâncias que possuem sabor.
3. Sabor percebido na base da língua.
4. Órgão que participa da digestão e da gustação.

VERTICAIS

1. Mucosa especializada para a olfação.
2. Nervo relacionado à sensação de gosto.
3. Sabor percebido na extremidade da língua.

17. A fonação

Fonação: produção da voz pela vibração das pregas vocais quando o ar sai dos pulmões.

Pregas vocais: duas dobras membranosas situadas na laringe. Quando esticadas, elas vibram com o ar expirado, emitindo sons.

Fonética: unidades sonoras emitidas por meio da articulação das mandíbulas, dos lábios, da língua e do véu palatino (parte mole do céu da boca).

Ampliação da voz: ocorre quando os sons passam pela faringe, pela boca e pelas fossas nasais, que funcionam como "caixas de ressonância". Se não fosse amplificado, o som que sai da laringe não poderia ser escutado.

Dos sons mais graves aos mais agudos, as vozes humanas se classificam em: baixo, barítono, tenor, contralto, meio-soprano e soprano.

A fonação também envolve o centro de controle da fala no cérebro.

Importância da voz: comunicação e expressão dos pensamentos e sentimentos.

1. Complete as seguintes frases.

a) _____ é a produção da voz humana por meio da vibração das pregas vocais.

b) No interior da laringe há duas dobras membranosas e elásticas chamadas _____, que, ao vibrarem, produzem a voz humana.

c) As várias unidades sonoras denominam-se _____.

d) A corrente de ar que sai dos pulmões durante a _____ faz as pregas vocais vibrarem.

e) O controle da emissão dos fonemas depende de uma coordenação realizada pelo _____.

2. Associe corretamente.

(A) unidades sonoras
(B) controle da emissão dos sons
(C) produção de sons
(D) "caixas de ressonância"

(   ) faringe, boca e fossas nasais
(   ) pregas vocais situadas na laringe
(   ) cérebro
(   ) mandíbula, lábios, língua e véu palatino

3. Sobre as vozes humanas, responda:

a) Como são classificadas?

b) Qual é a importância dessa classificação?

4. Responda às seguintes questões.

a) O que acontece com os sons das pregas vocais quando eles passam pela faringe, pela boca e pelas fossas nasais?

b) Onde se localizam as pregas vocais?

c) Como se denominam as unidades sonoras emitidas por meio da articulação da mandíbula, dos lábios, da língua e do véu palatino?

d) Como devem estar as pregas vocais, para que elas produzam os sons?

e) Em que momento da respiração as pregas vocais vibram, emitindo som?

5. Assinale **certo** (C) ou **errado** (E) e justifique as afirmativas erradas.

a) Ao passar pela faringe, boca e fossas nasais, o som saído da laringe é amplificado. ( )

b) A produção dos sons ocorre na boca. ( )

c) A articulação dos sons depende de alguns músculos da mandíbula, dos lábios, da língua e do véu palatino. ( )

d) Os sons são produzidos quando as pregas vocais estão frouxas. ( )

Justificativa(s):

6. Pesquise como as vozes feminina e masculina são classificadas. Depois, associe corretamente.

(A) baixo
(B) barítono
(C) tenor
(D) contralto
(E) meio-soprano
(F) soprano

( ) voz feminina mais aguda
( ) voz de altura média das mulheres
( ) voz de altura média dos homens
( ) voz masculina mais aguda
( ) voz feminina mais grave
( ) voz masculina mais grave

7. Qual é a importância da voz?

8. Em que situações podemos utilizar a voz?

ANOTAÇÕES

18. O esqueleto humano

Funções do esqueleto: locomoção e sustentação do corpo, proteção de órgãos internos e apoio dos músculos.

Composição do esqueleto
- **cabeça**
  - **crânio**
    - **ossos pares:** parietais (teto do crânio) e temporais (onde se alojam as orelhas);
    - **ossos ímpares:** frontal (testa), occipital (acima da nuca), etmoide (forma as cavidades orbitárias) e esfenoide (base do crânio).
  - **face**
    - **ossos pares:** nasais, lacrimais, conchas nasais inferiores, maxilas, palatinos ("céu da boca"), zigomáticos ("maçãs do rosto");
    - **ossos ímpares:** vômer, mandíbula (queixo).
- **tronco**
  - **coluna vertebral** (regiões): cervical (7 vértebras), torácica (12), lombar (5), sacral (5), coccígea (4).
  - **costelas**
    - verdadeiras: 7 pares (articuladas no osso esterno);
    - falsas: 3 pares;
    - flutuantes: 2 pares.
  - **esterno** (com o apêndice xifoide)
- **membros**
  - **superiores:** adaptados à preensão, clavícula e escápula (ombro ou cintura escapular), úmero (braço), rádio e ulna (antebraço), carpo, metacarpo e falanges (mão);
  - **inferiores:** adaptados à locomoção, ilíacos (quadril ou cintura pélvica), fêmur (coxa), patela (joelho), tíbia e fíbula (perna), tarso, metatarso e falanges (pé).

Tipos de ossos: longos (ex.: fêmur, que é o osso mais longo do corpo), chatos (ex.: frontal), curtos (ex.: vértebras).

Articulações: móveis (diartroses), imóveis (sinartroses), semimóveis (anfiartroses).

Atenção:

- A coluna vertebral pode apresentar desvios: da curvatura lombar (**lordose**), convexidade dorsal (**cifose**) e lateral (**escoliose**).
- Nas articulações móveis, há uma cápsula membranosa que contém o **líquido sinovial**.
- Os ossos longos possuem extremidades (**epífises**), um corpo (**diáfise**) e um revestimento (**periósteo**).
- As vértebras possuem um corpo, um buraco (por onde passa a medula espinhal), duas apófises transversas (ligadas às costelas) e uma apófise espinhosa.
- Costelas, esterno e a coluna vertebral, na parte superior do tronco, formam a caixa torácica.

ESQUELETO

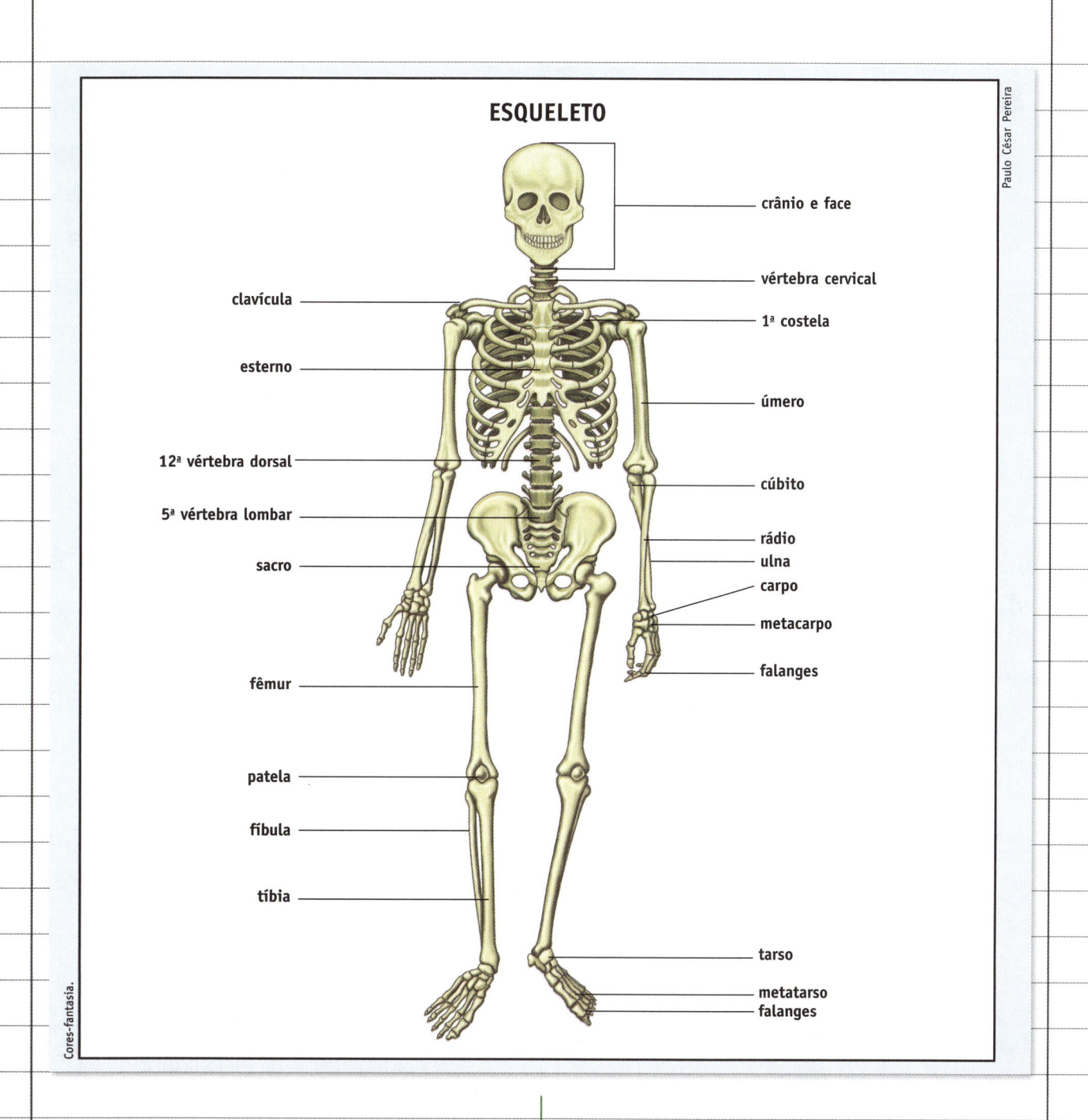

- crânio e face
- vértebra cervical
- clavícula
- 1ª costela
- esterno
- úmero
- 12ª vértebra dorsal
- cúbito
- 5ª vértebra lombar
- rádio
- sacro
- ulna
- carpo
- metacarpo
- falanges
- fêmur
- patela
- fíbula
- tíbia
- tarso
- metatarso
- falanges

Cores-fantasia.
Paulo César Pereira

1. Identifique os ossos.

2. Complete o quadro.

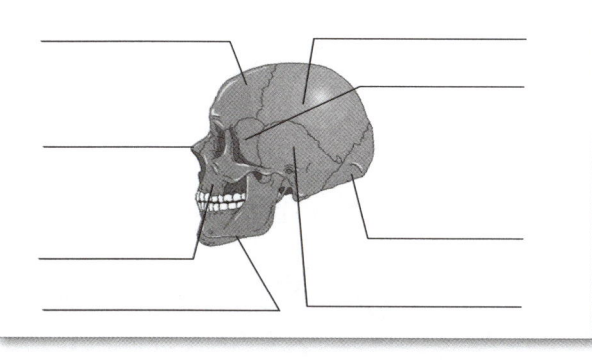

Regiões da coluna	Número de vértebras
cervical	
	12
lombar	
	5
coccígea	

79

3. A que atividades estão adaptados os membros do ser humano?

4. Sobre a vértebra, responda:

a) Identifique as partes que a compõem.

b) Que órgão do sistema nervoso passa pelo buraco das vértebras e fica protegido pela coluna vertebral?

5. Complete as seguintes frases.

a) Possuímos 12 pares de costelas, sendo 7 pares de costelas _____, _____ pares de costelas falsas e _____ pares de costelas _____.

b) _____ e _____ são os ossos formadores da cintura escapular.

c) O quadril (ou cintura pélvica) é formado principalmente pelos ossos _____.

d) O _____ é o maior osso, em comprimento, do nosso corpo.

6. Escreva entre parênteses a letra **C** ou a letra **F**, conforme os ossos pertençam ao **crânio** ou à **face**.
( ) lacrimais   ( ) parietais
( ) etmoide   ( ) zigomáticos
( ) occipital   ( ) palatinos
( ) vômer   ( ) temporais

7. Quais são os ossos que formam o pé?

8. Cite um osso curto do nosso corpo.

9. Qual é a diferença entre costelas verdadeiras e costelas flutuantes?

10. Quais são os ossos que formam as "maçãs do rosto"?

11. Quais são os ossos que formam o "céu da boca"?

12. Associe a coluna da esquerda com a coluna da direita.

(A) antebraço   ( ) fêmur
(B) joelho   ( ) rádio e ulna
(C) ombro   ( ) patela
(D) coxa   ( ) clavícula e escápula

13. Identifique as partes de um osso longo.

14. Complete as seguintes frases.

a) A cápsula articulada é atapetada interiormente pela membrana sinovial, que secreta o _____, que atua como lubrificante.

b) A diartrose é uma articulação _____, e a _____ é uma articulação semimóvel.

c) O esqueleto da perna é constituído pelos ossos _____, patela e _____.

d) Cada vértebra possui um _____ em forma de disco e um arco com prolongamentos chamados _____.

e) A superposição dos buracos vertebrais forma o _____, onde está alojada a _____.

Justificativa(s).

15. Assinale **certo** (C) ou **errado** (E) e justifique as afirmativas erradas.

a) Todos os ossos da cabeça estão firmemente unidos entre si. ( )

b) As vértebras encontram-se separadas entre si por discos flexíveis de cartilagem. ( )

c) A coluna vertebral é o conjunto das vértebras. ( )

d) O corpo dos ossos longos é o periósteo. ( )

e) As hemácias, as plaquetas e alguns tipos de leucócitos são formados no canal medular dos ossos longos. ( )

f) O esqueleto destina-se à sustentação do corpo, à proteção de órgãos internos e auxilia nos movimentos. ( )

16. Assinale a alternativa correta.

a) O desvio lateral da coluna vertebral denomina-se:
( ) epífise
( ) cifose
( ) diáfise
( ) escoliose

b) A articulação móvel denomina-se:
( ) sinartrose
( ) diartrose
( ) anfiartrase
( ) lordose

c) Os ossos longos são revestidos por uma membrana fibrosa e resistente denominada:
( ) periósteo
( ) medula óssea
( ) epífise
( ) diáfise

d) O líquido sinovial é parte:
( ) do úmero
( ) do ulna
( ) do fêmur
( ) das articulações móveis

e) Não é osso longo:
( ) a tíbia
( ) o rádio
( ) o occipital
( ) o fêmur

17. Por que os movimentos das articulações não causam desgastes aos ossos?

18. A caixa torácica forma uma "armadura" bem resistente que protege órgãos localizados em seu interior. Cite 2 desses órgãos.

ANOTAÇÕES

19. Sistema muscular: a locomoção

Sob a ação de estímulos elétricos e químicos enviados pelo sistema nervoso, os músculos encurtam-se (**contratilidade**), voltando ao comprimento normal (**elasticidade**) quando a ação do estímulo é retirada. São envolvidos e protegidos por uma membrana (**aponeurose**).

Tipos de músculos

a) **Lisos:** homogêneos e involuntários. Encontrados nas vísceras, nos condutos urinários, nas paredes arteriais etc. Geralmente esbranquiçados.

b) **Estriados:** com estrias transversais; voluntários. Encontrados ao redor do esqueleto. Vermelhos.

Tendões: ligamento dos músculos aos ossos.

Antagônicos: par de músculos que têm efeitos contrários num mesmo local (ex.: bíceps e tríceps nos braços). Enquanto um contrai o outro relaxa.

Tônus: estado de contratura muscular sem implicar movimento.

Cãibra: contração dolorosa e involuntária com aumento do tônus muscular e o acúmulo de ácido láctico.

Distensão: os músculos esticam excessivamente.

O bíceps está em estado de contratura. Seu tônus desenvolve a musculatura.

Lembre que:

- O **miocárdio** é um músculo estriado e involuntário.

- As injeções são aplicadas comumente nos músculos **deltoides** (dos braços) e **glúteos** (das nádegas).

- Para a posição ereta e o apoio nas pontas dos pés funcionam os músculos **glúteos** e **gastrocnêmios**.

- Para a mastigação, utilizamos os músculos **masseteres** e **digástricos**.

- O **diafragma** e os **intercostais** são músculos relacionados à inspiração.

- Nas corridas, usamos os músculos **quadríceps** e **sartórios**.

- Para movimentar os braços, usamos os músculos **peitorais** (para a frente) e os **dorsais** (para trás).

- Para elevar os ombros, usamos os músculos **trapézios**.

- Há músculos sem tendões: os dos esfíncteres da uretra e do ânus.

1. Assinale a figura correta.

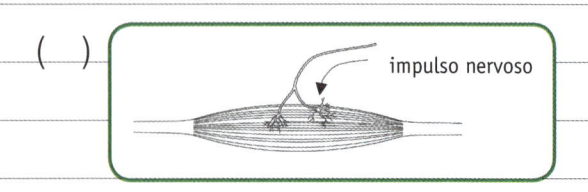

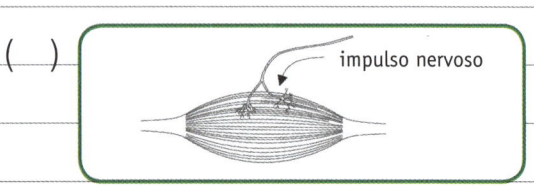

( )   impulso nervoso

( )   impulso nervoso

2. Cite algumas diferenças entre músculos lisos e músculos estriados.

Músculos lisos:

Músculos estriados:

3. Cite alguns órgãos onde se encontram músculos lisos.

4. Quais são as propriedades fundamentais dos músculos?

5. Associe corretamente.
(A) tendão
(B) aponeurose
(C) miocárdio
(D) contratilidade
(   ) músculo estriado involuntário
(   ) estrutura que liga os músculos aos ossos
(   ) encurtamento do músculo
(   ) membrana que envolve os músculos

6. Complete as seguintes frases.

a) A contração dolorosa e involuntário do tônus muscular é chamada _____ .

b) Quando os _____ se distendem excessivamente e se tornam doloridos, surge a distensão muscular.

c) Quando o bíceps se contrai, o tríceps relaxa. Por isso, esses músculos são denominados _____ .

d) A contração estática e permanente dos músculos chama-se _____ .

e) Nos esfíncteres os músculos são desprovidos de _____ .

f) Os músculos _____ e _____ , ao se contrair, determinam a inspiração.

g) Quando corremos contraindo a coxa e estendendo a perna, utilizamos os músculos _____ e os _____ .

7. Associe corretamente o músculo ao movimento.

(A) orbicular dos lábios
(B) trapézio
(C) deltoides
(D) glúteos
(E) gastrocnêmios
(F) masseteres e digástricos

( ) mastigação
( ) apoio nas pontas dos pés
( ) elevação dos ombros
( ) assobio
( ) elevação lateral dos braços
( ) posição ereta

8. Assinale **certo** (C) ou **errado** (E) e justifique as afirmativas erradas.

a) Para levar os braços à frente, contraímos os músculos peitorais, e para levá-los para trás, os dorsais. ( )

b) O acúmulo de ácido láctico no músculo determina a distensão muscular. ( )

c) Dois músculos antagônicos podem ficar contraídos ao mesmo tempo. ( )

d) As injeções são comumente aplicadas nos músculos gastrocnêmios e trapézios. ( )

e) O miocárdio, por ser involuntário, é constituído de tecido muscular liso. ( )

Justificativa(s).

9. Assinale a alternativa correta:

a) Para correr ou estender a perna, contraímos os músculos:
( ) gastrocnêmios
( ) quadríceps e sartórios
( ) diafragma e intercostais
( ) deltoides

b) Quando as bailarinas se mantêm apoiadas nas pontas dos pés, contraem os músculos:
( ) glúteos
( ) gastrocnêmios e glúteos
( ) dorsais
( ) sartórios

c) São músculos comumente utilizados nas aplicações de injeções:
( ) gastrocnêmios
( ) peitorais
( ) glúteos e deltoides
( ) trapézios

d) São utilizados durante a inspiração os músculos:
( ) peitorais
( ) quadríceps
( ) dorsais
( ) diafragma e intercostais

e) Os feixes de fibras musculares são envolvidos por uma membrana conjuntiva denominada:
( ) membrana sinovial
( ) aponeurose
( ) peritônio
( ) periósteo

f) Não é propriedade dos músculos:
( ) elasticidade
( ) rigidez
( ) contratilidade
( ) liberação de calor

10. Preencha os quadrinhos em branco de acordo com o número de sílabas. Cada um deles corresponde a uma letra.

Nos quadrinhos em destaque, você encontrará as letras referentes ao nome de uma das ações fundamentais dos músculos.

Use o banco de sílabas e vá riscando as que forem sendo utilizadas, para facilitar a tarefa.

A – AN – BRA – CÃI – ÇÃO
CO – COS – DÃO – GÔ – LO
MO – NEU – NI – NUS – PEI
PO – RAIS – RO – SE – TA
TEN – TÔ – TO – GLÚ – SE
RES – TEOS – TE – MAS

- Par de músculos de um mesmo local com efeitos contrários.

- Membrana conjuntiva que reveste os músculos.

- Contração estática e permanente do músculo.

- Músculos que, ao se contrair, levam os braços para a frente.

- Dor intensa produzida por acúmulo de ácido láctico no músculo.

- Músculos utilizados para a mastigação.

- Função executada pelos músculos estriados esqueléticos.

- Estrutura conjuntiva fibrosa que prende o músculo ao osso.

- Músculos em que são aplicadas injeções.

Resposta:

ANOTAÇÕES

CONSERVAÇÃO DA ESPÉCIE

20. A reprodução humana

Reprodução: função que permite a cada ser vivo originar indivíduos semelhantes a si mesmo. É dessa forma que fica assegurada a continuidade das espécies.

Puberdade: fase em que as crianças sofrem modificações físicas e no comportamento e se tornam adolescentes. Essas modificações são decorrentes do desenvolvimento do sistema reprodutor, sob a influência de hormônios da hipófise.

Gônadas: órgãos que produzem gametas e hormônios reguladores das funções sexuais:

- **masculinas: testículos** (produzem espermatozoides e hormônio sexual masculino – testosterona);
- **femininas: ovários** (produzem os óvulos e hormônios sexuais femininos – estrógeno e progesterona).

Sistema reprodutor masculino: testículos (contidos na bolsa escrotal), **canais deferentes**, **pênis** (órgão da cópula) e glândulas anexas (**próstata** e **vesículas seminais**, que produzem o **sêmen**, líquido que contém espermatozoides, células que se deslocam graças a uma cauda).

Sistema reprodutor feminino: ovários, **tubas uterinas** (local onde ocorre a fecundação do óvulo pelo espermatozoide), **útero**, **vagina** e **vulva** (grandes e pequenos lábios).

Gravidez: período que vai da fecundação do óvulo pelo espermatozoide (formação da **célula-ovo** ou **zigoto**) e fixação do **embrião** no útero até o nascimento do **feto**. Corresponde a cerca de 40 semanas. A duração da gestação varia entre as espécies de mamíferos.

Anexos do feto

- **Âmnio:** membrana que envolve o líquido amniótico, que protege o feto.
- **Placenta:** órgão que liga o feto à mãe, garantindo a oxigenação e a nutrição do feto, que ocorre via cordão umbilical.

ESQUEMA DA IMPLANTAÇÃO DO FETO NO ÚTERO

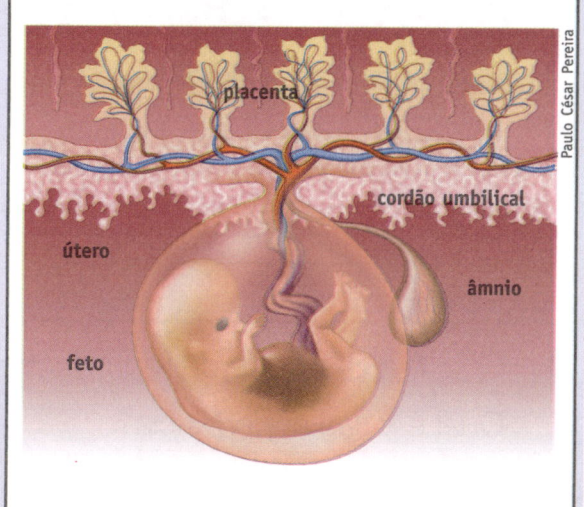

Figuras não proporcionais à realidade. Cores-fantasia.

Lembre que:

- A fecundação ocorre na tuba uterina.
- Os gêmeos podem formar-se a partir de 1 óvulo e 1 espermatozoide (gêmeos **univitelinos**) ou a partir de 2 óvulos fecundados por 2 espermatozoides (gêmeos **fraternos**).
- O uso de preservativos previne a gravidez e as doenças sexualmente transmissíveis, como a **aids**, a **sífilis** e a **gonorreia**.

ÓRGÃOS REPRODUTORES FEMININO E MASCULINO

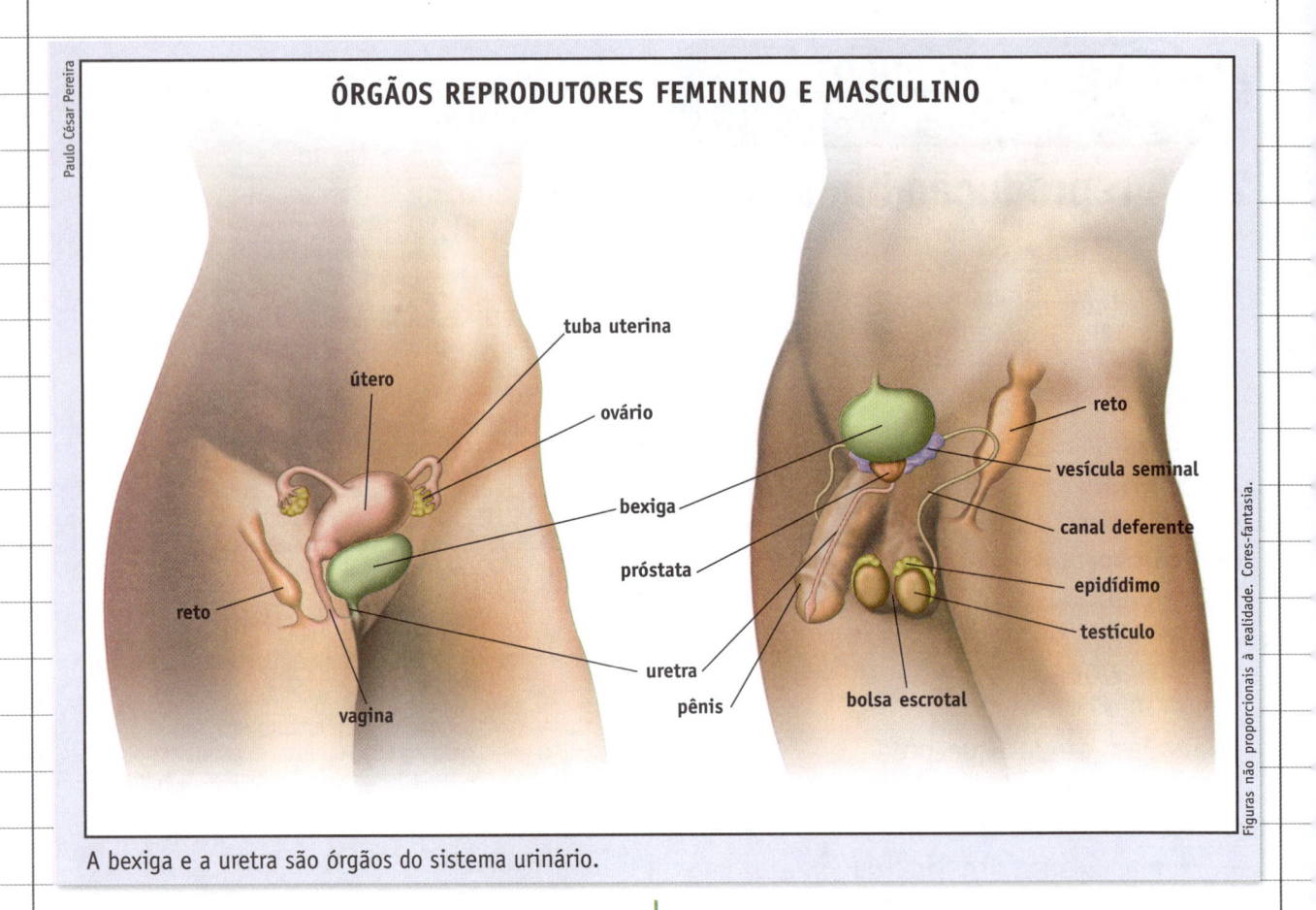

A bexiga e a uretra são órgãos do sistema urinário.

1. Qual é a finalidade da reprodução? Qual é a sua importância?

2. O que é puberdade?

3. Observe a ilustração acima, compare e responda.

a) Que órgãos são exclusivamente femininos?

b) Que órgãos são exclusivamente masculinos?

4. De que fatores depende o desenvolvimento das gônadas ou órgãos reprodutores?

5. Complete as seguintes frases.

a) Os _____ são produzidos nos testículos do homem.

b) Nos _____ da mulher, formam-se os _____, gametas femininos.

c) O óvulo é uma célula sem mobilidade própria, mas o espermatozoide, graças a sua cauda, é uma célula extremamente _____.

d) Os espermatozoides, depois de formados, ficam nadando num líquido produzido nas _____ e na _____.

e) A união do espermatozoide com o óvulo realiza-se na _____ e seu produto é a _____, que dá origem a uma nova vida.

6. Complete as legendas da ilustração abaixo, que identifica os órgãos do sistema reprodutor masculino.

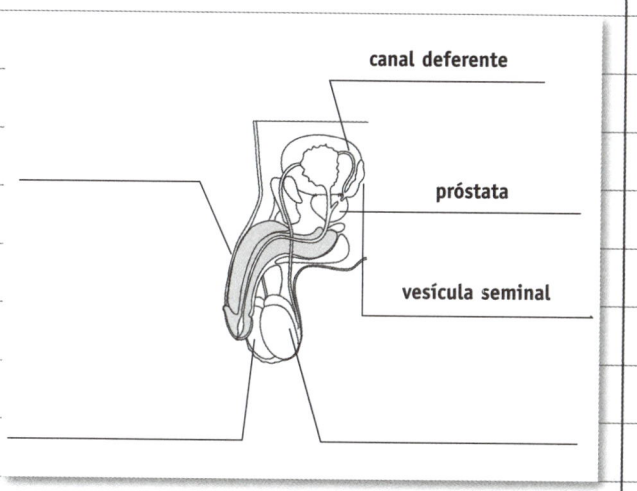

- canal deferente
- próstata
- vesícula seminal

7. Complete a legenda da figura que identifica as partes do espermatozoide.

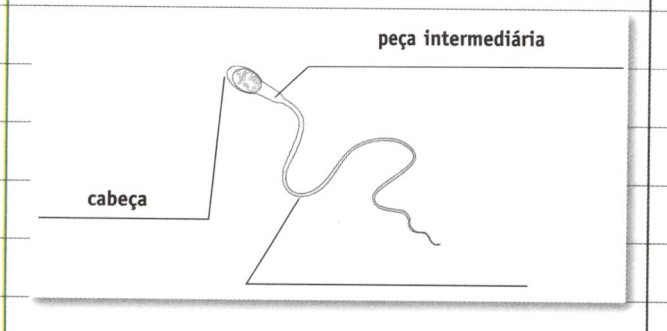

- peça intermediária
- cabeça

8. Identifique os órgãos do sistema reprodutor feminino.

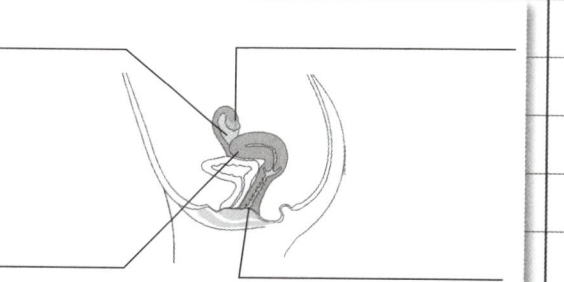

9. A gravidez é um período com uma sucessão de etapas de desenvolvimento. Numere-as de acordo com a ordem em que acontecem.

( ) nascimento da criança
( ) fecundação do óvulo
( ) fixação do embrião
( ) desenvolvimento do feto

10. O que o homem ou a mulher deve fazer numa relação sexual para não contrair uma doença sexualmente transmissível?

11. Identifique as estruturas apontadas pelas setas.

12. Sobre a gravidez, responda:
a) Qual é o tempo de duração na espécie humana?

b) Em que órgão o feto se desenvolve?

13. Qual é o papel da placenta?

14. Como se formam as crianças gêmeas univitelinas?

15. Como se formam os gêmeos fraternos?

16. Assinale a alternativa correta.

a) Não é doença sexualmente transmissível:
( ) aids
( ) sífilis
( ) gonorreia
( ) gastrite

b) Os espermatozoides são formados:

( ) no canal deferente
( ) nos testículos
( ) na próstata
( ) nas vesículas seminais

c) Como glândulas anexas do aparelho reprodutor masculino, citam-se:

( ) os testículos
( ) a hipófise
( ) a próstata e as vesículas seminais

d) O desenvolvimento dos órgãos sexuais é regulado por hormônios:

( ) da hipófise
( ) dos ovários
( ) dos testículos
( ) das glândulas suprarrenais

17. Complete as palavras cruzadas.

HORIZONTAIS

1. Período que se estende desde a fecundação e a fixação do embrião no útero até o nascimento.
2. Anexo do embrião que permite a passagem de nutrientes e oxigênio da mãe para o feto e de excretas do feto para a mãe.
3. Hormônio produzido pelo ovário.
4. Gônada feminina.
5. Líquido que contém espermatozoides.

VERTICAIS

1. Fase de desenvolvimento do sistema reprodutor durante a qual as crianças sofrem modificações em sua estrutura e em seu comportamento e se tornam adolescentes.
2. Genitália feminina externa.
3. Órgão do sistema reprodutor feminino onde o feto se desenvolve.
4. Primeira célula do novo ser.
5. Anexo com um líquido que protege o embrião da desidratação e de choques mecânicos.

21. A transmissão da herança biológica

As características genéticas dos pais passam a seus filhos por meio dos gametas. O estudo dessa transmissão de herança (hereditariedade) denomina-se **Genética**.

Segundo a **primeira lei de Mendel**, "Cada característica hereditária é devida a um par de genes, que, durante a formação dos gametas, separam-se, indo um gene da característica para cada gameta".

Gene é uma estrutura quimicamente constituída de **DNA**, encontrada no **cromossomo**.

Cada característica é devida a um ou mais pares de genes chamados **alelos**, situados numa mesma posição de um par de **cromossomos homólogos**, um de origem paterna e outro de origem materna.

CONCEITOS IMPORTANTES

- **Genótipo**: conjunto de genes que determinam a característica hereditária. Representa-se por letras. Exemplos: Bb, AA, dd.
- **Fenótipo**: aparência da característica hereditária. Exemplos: sementes de ervilhas podem apresentar fenótipo **liso** ou **rugoso**, fenótipo **amarelo** ou **verde**.

  O fenótipo sofre influência do meio ambiente.

  a) **Dominante**: gene que manifesta o fenótipo. Exemplo: B (representação do gene dominante em letra maiúscula).

  b) **Recessivo**: gene que não manifesta o fenótipo na presença do gene dominante. Exemplo: c (representação do gene recessivo, letra minúscula).

- **Homozigoto**: indivíduo que tem genes alelos iguais para uma mesma característica. Exemplos: AA, bb, CC.
- **Heterozigoto**: indivíduo que tem genes alelos diferentes para uma mesma característica. Exemplos: Aa, Dd.
- No cruzamento de heterozigotos, a proporção de descendentes é de 3/4 para a característica dominante e de 1/4 para a recessiva.

1. O que é Genética?

2. O que diz a primeira lei de Mendel?

3. O que são genes alelos?

4. O que é genótipo? Como é representado? Exemplifique.

Homozigotos:

Heterozigotos:

5. Dois ou mais indivíduos de mesmo genótipo podem ter fenótipos diferentes? Justifique sua resposta.

> **Lembre que:**
>
> Por convenção, representa-se o genótipo utilizando a letra inicial da variável da característica determinada pelo gene recessivo.
>
> Exemplo: genótipos possíveis para representar a cor da semente de ervilha: VV (amarela), Vv (amarela), vv (verde).

6. Entre os genótipos Aa, Bb, aa, Vv, VV, vv quais são homozigotos? E quais são heterozigotos?

7. Na genealogia abaixo, cite os números dos indivíduos homozigotos e os números dos indivíduos heterozigotos. Represente os genes pela letra H (dominante) e h (recessivo).

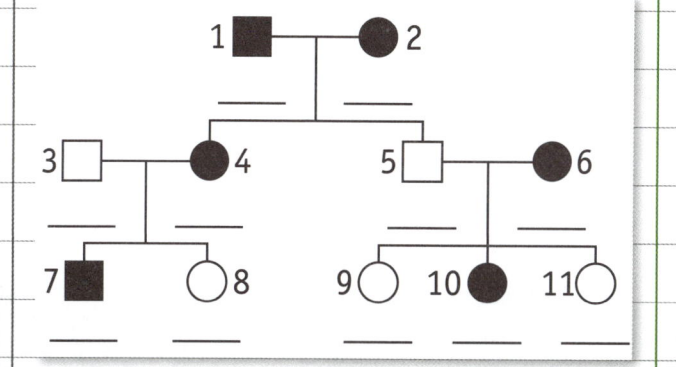

8. A queratose é uma anomalia da pele causada por um gene dominante N. Uma mulher com queratose, cujo pai era normal, casa-se com um homem com queratose, cuja mãe era normal. Como poderão ser seus filhos quanto a essa característica? Represente a genealogia da família e os respectivos genótipos das pessoas.

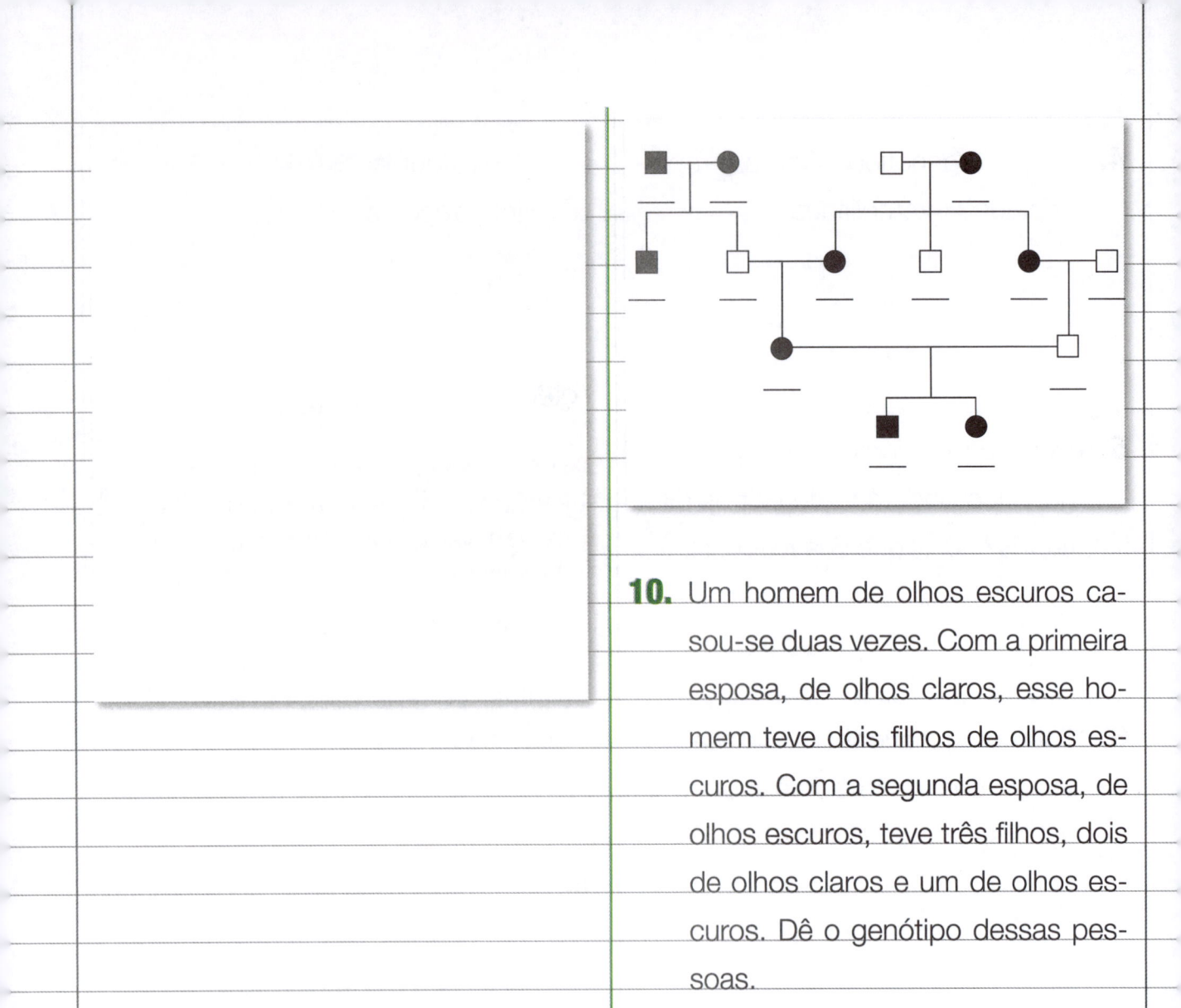

9. Numa variedade de ratos, encontram-se dois tipos de pelagem quanto à cor: marrom e preta. Na genealogia a seguir, a característica marcada representa a pelagem preta. Represente os genótipos de todos os indivíduos.

10. Um homem de olhos escuros casou-se duas vezes. Com a primeira esposa, de olhos claros, esse homem teve dois filhos de olhos escuros. Com a segunda esposa, de olhos escuros, teve três filhos, dois de olhos claros e um de olhos escuros. Dê o genótipo dessas pessoas.

11. Qual é a porcentagem de indivíduos **Aa** nascidos de pais heterozigotos? Justifique sua resposta.

12. O gene que condiciona pelos curtos nos coelhos é dominante em relação ao gene que determina pelos longos. Do cruzamento entre coelhos heterozigotos nasceram 400 coelhinhos, dos quais 300 tinham pelos curtos. Entre esses coelhinhos de pelos curtos, qual é o número esperado de heterozigotos?

13. (PUC-SP) Quatro famílias nas quais aparece uma característica foram analisadas.

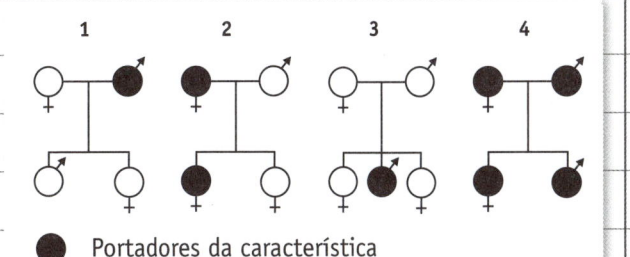

● Portadores da característica

Alguém concluiu que a característica em questão é dominante. A conclusão está:
a) certa.
b) errada, devido ao observado na família nº 1.
c) errada, devido ao observado na família nº 2.
d) errada, devido ao observado na família nº 3.
e) errada, devido ao observado na família nº 4.

Justifique sua resposta.

14. (Fuvest-SP/adaptado) Observe os seguintes cruzamentos para ervilha.

I. VV x vv
II. Vv x Vv
III. Vv x vv,

onde **V** representa o gene que determina a cor amarela das sementes e é dominante sobre o alelo **v**, que determina a cor verde. Um pé de ervilha, heterozigoto, pode resultar:

a) apenas do cruzamento I.
b) apenas do cruzamento II.
c) apenas do cruzamento III.
d) apenas dos cruzamentos II e III.
e) dos cruzamentos I, II e III.

Justifique sua resposta.

I.

II.

III.

15. (Fuvest-SP) Dois genes alelos atuam na determinação da cor das sementes de uma planta: **A**, dominante, determina a cor púrpura e **a**, recessivo, determina a cor amarela. A tabela a seguir apresenta resultados de vários cruzamentos feitos com diversas linhagens dessa planta.

Cruzamento	Resultado
I × aa	100% púrpura
II × aa	50% púrpura; 50% amarela
III × aa	100% amarela
IV × Aa	75% púrpura; 25% amarela

Apresentam genótipos **Aa** as linhagens:
a) I e III.
b) II e III.
c) II e IV.
d) I e IV.
e) III e IV.

Do cruzamento de indivíduos de fenótipos diferentes para certa característica surgem descendentes com características intermediárias. E do cruzamento destes surgem 3 classes fenotípicas na proporção de 25% : 50% : 25%. Tal fenômeno denomina-se **ausência de dominância** ou **codominância**.

16. (PUC-SP) A determinação da cor do caju (vermelha ou amarela) é devida a um par de genes alelos. O gene dominante determina a cor vermelha. Um cajueiro proveniente de semente heterozigota deverá produzir:

a) cajus vermelhos, vermelho-amarelados e amarelos, na proporção 1 : 2 : 1.

b) cajus vermelhos e amarelos, na proporção 3 : 1.

c) cajus vermelhos e amarelos, na proporção 1 : 1.

d) apenas cajus amarelos.

e) apenas cajus vermelhos.

Justifique sua resposta.

17. Há uma variedade de gado bovino da raça shorthorn que apresenta pelagem branca e marrom-avermelhada. Do cruzamento desses gados surgem descendentes de pelagem malhada. Cruzando os híbridos (ou heterozigotos) entre si, espera-se na geração F2 uma porcentagem de malhados, na proporção de:

a) 0%
b) 25%
c) 50%
d) 75%
e) 100%

Justifique sua resposta.

18. (UFRN) Cachorros dálmatas, que têm pequenas manchas regularmente distribuídas, quando cruzados entre si, dão descendentes dos quais 25% têm o pelo sem mancha, 25% têm manchas grandes e irregulares e 50% são dálmatas iguais aos pais. Qual dos seguintes cruzamentos tem maior probabilidade de produzir apenas descendentes dálmatas?

a) SS x ss
b) SS x Ss
c) Ss x Ss
d) Ss x ss
e) ss x ss

Justifique sua resposta.

19. Uma espécie de planta produz frutos esféricos, frutos alongados e frutos ovoides.

Do cruzamento de uma planta que produz frutos esféricos com outra que produz frutos alongados surgiram flores, que se transformaram em frutos ovoides.

Represente o cruzamento de plantas que produzem frutos ovoides, mostrando os genótipos e os fenótipos resultantes.

A herança biológica dos grupos sanguíneos – Sistema ABO	
Fenótipos (Grupos sanguíneos)	Genótipos
A	$I^A I^A$ ou $I^A i$
B	$I^B I^B$ ou $I^B i$
AB	$I^A I^B$
O	ii

Os indivíduos que têm genótipo $I^A I^A$ ou $I^A i$ apresentam na membrana plasmática das suas hemácias (eritrócitos) uma glicoproteína especial, que recebe o nome de aglutinogênio A ou antígeno A.
O mesmo acontece com a tipagem do sangue B ($I^B I^B$ ou $I^B i$), possui uma proteína diferente na membrana celular: o aglutinogênio B (antígeno B).
Os indivíduos do grupo AB, que possuem genótipo $I^A I^B$, apresentam os dois genes codominantes, assim, possuem antígenos A e B na membrana das hemácias. Já os indivíduos do grupo O possuem o genótipo ii, que é recessivo e não determina a produção de nenhum antígeno nas hemácias.

No sistema ABO distinguem-se quatro grupo sanguíneos, grupo A, grupo B, grupo AB e grupo O.
A existência dos grupos está na dependência de haver na natureza três tipos de alelos: I^A, I^B e i. Por isso, o sistema ABO é um caso de alelos múltiplos, existe **codominância** entre os alelos I^A e I^B, enquanto o **alelo i** é **recessivo**.

20. Numa família são encontrados descendentes que pertencem aos quatro grupos sanguíneos do sistema ABO. Qual deve ser o genótipo do casal que os gerou?

21. (Fuvest-SP) Uma mulher do grupo sanguíneo A, cuja mãe era do grupo O, casa-se com um homem doador universal. Os grupos sanguíneos dos prováveis filhos do casal poderão ser:

a) A ou AB.
b) A ou B.
c) apenas A.
d) apenas O.
e) A ou O.

Justifique sua resposta.

22. Olegário pertence ao grupo sanguíneo A, mas sua mãe é do grupo sanguíneo O. Mariana é filha de um casal homozigoto para os grupos sanguíneos A e B.
Se Mariana casar-se com Olegário, que tipos de filho poderá gerar, relativamente ao sistema sanguíneo ABO?

23. O avô paterno de um homem pertence ao grupo sanguíneo AB, e todos os outros avós são do grupo O. Esse homem pode pertencer ao grupo AB? Justifique sua resposta.

24. (Fuvest-SP) Um banco de sangue possui 5 litros de sangue tipo AB, 3 litros de tipo A, 8 litros de tipo B e 2 litros de tipo O. Para transfusões em indivíduos tipo O, A, B e AB, estão disponíveis, respectivamente:
a) 2, 5, 10 e 18 litros.
b) 2, 3, 5 e 8 litros.
c) 2, 3, 8 e 16 litros.
d) 18, 8, 13 e 5 litros.
e) 7, 5, 10 e 11 litros.

Justifique sua resposta.